Sólo para parejas

Una guía de comunicación en pareja,
para que tu media naranja
no se convierta en tu medio limón

FERNANDA DE LA TORRE

Sólo PARA PAREJAS

Una guía de comunicación en pareja,
para que tu media naranja
no se convierta en tu medio limón

OCEANO *exprés*

Diseño de portada: Ivonne Murillo
Fotografía de la autora: Óscar Ponce

SÓLO PARA PAREJAS
Una guía de comunicación en pareja, para que tu
media naranja no se convierta en tu medio limón

© 2012, 2014, María Fernanda de la Torre Verea

D.R. © 2014, Editorial Océano de México, S.A. de C.V.
Blvd. Manuel Ávila Camacho 76, piso 10
Col. Lomas de Chapultepec
Miguel Hidalgo, C.P. 11000, México, D.F.
Tel. (55) 9178 5100 • info@oceano.com.mx

Primera edición en Océano exprés: febrero, 2014

ISBN: 978-607-735-220-4
Depósito legal: B-7334-LVII

Hecho en México / Impreso en España
Made in Mexico / Printed in Spain

9003813010414

Para Carlos

Índice

Agradecimientos

Los libros no se hacen de la noche a la mañana ni se hacen solos; se dan porque todo fluye como debe de fluir. Éste fue el caso y debo admitir que ha sido una experiencia maravillosa y divertida.

Este libro no se hubiera logrado sin el apoyo de Grizel Marroquín, Rosa María Martínez, Marilú Ortega, Guadalupe Ordaz, Pablo Martínez Lozada y Rogelio Villarreal en Editorial Océano. Mi gratitud infinita a cada uno de ustedes para que lograra este sueño.

También quiero agradecer a Román Revueltas, Horacio Salazar y Carlos Marín que confiaron en mí cuando empecé escribir. A Paty Burgete, quien tuvo la idea de que debería haber una lista de temas que las parejas deberían discutir antes de vivir juntos o casarse.

Por supuesto que no hubiera llegado adonde estoy sin mis padres, mis hermanos, madrastra, hermanastros, cuñados y mi mejor maestro: Carlos, que ha sido el motor y brújula de mi vida. Cada uno de ustedes tiene un lugar especial en mi corazón y mi gratitud infinita.

Los amigos son los hermanos que uno escoge. Yo soy afortunada de tener grandes amigos y amigas; sin su apoyo en las buenas y en las malas no hubiera llegado hasta aquí. Javier, Ricardo, Rebe, Xavi, Juanjo, Manu, Choyo, Leo, Pablo, Pilar, Odile, Sandra, Caro, Alexis, Fernanda, Bertha, Gonzalo, Débora, Manolo, Alex, Roberto y Lorenzo: es un privilegio compartir la vida con ustedes.

Agradezco la confianza de quienes han compartido sus historias conmigo y también a los medios de información que me han dado un espacio; he logrado aprender y ese aprendizaje se refleja en este trabajo. Gracias a todos los que me han ayudado en *Milenio Diario*, UnoTV, *SINGULAR*, *Portal Fernanda Familiar*, Editorial Contenido, RMX, White & Case y Océano. Agradezco especialmente el apoyo y confianza de Arturo Elías Ayub, Luis Vázquez Fabris y Esther Massry.

Y finalmente, gracias a ti, que tienes este libro en tus manos y me has regalado un poco de tu tiempo. Espero que algo de lo que está escrito sea de utilidad y ayude a resolver un problema o, mejor aún, a ahorrar alguno.

Introducción

Hace algunos años escribí para *Milenio* un artículo titulado "Muy bien la boda. ¿Y el matrimonio?" después de caer en la cuenta de que la mayoría de las parejas que conozco, y yo misma, pasamos horas soñando y planeando la boda, pero después de la luna de miel empiezan los problemas por casi todo.

Seguramente conocen más de una historia, donde todo fue planeado hasta el último detalle para celebrar una boda de ensueño. Meses antes, se buscó el lugar perfecto para el banquete, cerca de la iglesia perfecta. Las familias negociaron durante semanas sobre el número de invitados. La lista se revisó mil veces: era importante que no faltara ni sobrara nadie y que los datos de la invitación estuvieran correctos. Los novios entrevistaron hasta el cansancio orquestas, músicos y DJ, dentro de su presupuesto, con tal de encontrar la música perfecta para su boda. Con esmero, explicaron cuáles eran las canciones importantes para ellos y en qué orden las querían bailar. Su canción de novios, la del baile con sus padres y todas las melodías que les recordaban el noviazgo y los mil momentos especiales para ambos. Otro tema que se revisó con gran cuidado fue el del vestuario. El traje del novio y los de sus hermanos, las damitas y los pajecitos, y bueno, qué decir del atuendo estelar: el de la novia. Después de soñar toda la vida cómo sería su vestido nupcial, ella invirtió días y más días buscando los modelos adecuados y después probándoselos uno a uno hasta encontrar el vestido anhelado. Nada se dejó al azar; hubo un esfuerzo conjunto de las dos familias para que fuera un evento de ensueño y así fue. Todo mundo estuvo de acuerdo en que fue una boda maravillosa. Todo parecía sacado de un cuento de hadas. Parecía...

Días antes de su primer aniversario, los flamantes esposos anunciaron su decisión de separarse. "¡¿Que qué?! ¡Esto no puede ser!", exclamaron los más allegados a la pareja. Pues sí. Sí puede ser. Los esposos no se ponen de acuerdo en nada y pelean a diario. A él no le parece que ella trabaje. Ella detesta que él no recoja su ropa y salga con sus amigos de jueves. No están de acuerdo en cómo dividir las tareas domésticas y, peor aún, los gastos. Ella no entiende por qué un televisor es más importante que cortinas nuevas para toda la casa. Para ella es esencial seguir trabajando y hacer una maestría y él dice tener la ilusión de ser padre pronto. "Pero ¿cómo? ¿Me van a decir que no habían hablado de esto antes?", se preguntaban amigos y familiares. Por inverosímil que parezca, así había sido. Todo el año anterior a la boda se la pasaron poniéndose de acuerdo sobre tantas cosas para la fiesta que olvidaron, o no quisieron, ponerse de acuerdo acerca de lo que era importante para su vida. No tocaron a fondo el tema del dinero (problema número uno entre las parejas) por lo que jamás quedó bien claro cuáles eran los gastos prioritarios y cómo iban a pagar las cuentas. Siempre coincidieron en que ambos querían hijos, pero nunca hablaron de cuándo, y el año siguiente a ella le pareció muy pronto; quería esperar más tiempo. El trabajo de ella fue un tema que tocaron de pasada, porque con tanto gasto de la boda y la luna de miel ninguno pensó en dejar de trabajar. Las familias, que tanto se involucraron para organizar la boda y ayudaron a planear la luna de miel, poco hablaron con sus respectivos hijos del asunto del matrimonio, ni los ayudaron a reflexionar sobre las cuestiones que dificultan la convivencia.

En resumidas cuentas, el meollo del asunto fue que el número de horas-hombre que se invirtió en planear su boda fue muy superior al tiempo que invirtieron en hablar sobre su vida en común. La importancia que se da al día de la boda es desmedida y toma más tiempo planear este evento que discutir los temas estructurales del matrimonio. Parece mentira que nos dediquemos tanto a planear lo que, en el fondo, solamente es la celebración y testimonio de un compromiso. Si lo pensamos fríamente, la boda es sólo una fiesta que dura unas horas. El matrimonio, en cambio, es una decisión de vida, y no profundizar en este asunto no sólo es una imprudencia, sino que puede tener graves consecuencias.

Hablando con mi amiga Patricia Burgete, días después de escribir el artículo, ella comentó que debería existir una lista de temas que las parejas tendrían que tratar antes de casarse o vivir juntas. Siempre me pareció una idea muy sensata.

Para las mujeres, todo este asunto de la boda es como ser reina por un día. La boda es importantísima. En plena era de la tecnología y la comunicación, lo que rige a la hora de casarnos son las fantasías y los cuentos de hadas. Para muchas mujeres la boda sigue siendo una meta, y hay algunas que desde muy temprano empiezan a mortificarse de más si no hay boda en puerta. Abundan las que desde niñas dicen: "Cuando sea grande y me case...".

Para complicar más la situación, muchos nunca se cuestionan si en verdad desean casarse o si lo hacen por imposición social. Me pregunto cuántas parejas decidieron casarse o juntarse sólo para librarse del estigma de la soltería y de los comentarios en las reuniones familiares: "¿Y tú para cuándo?". Bajo esta luz, no es de sorprender que existan tantas personas que acaban con alguien a todas luces inadecuado.

Las estadísticas mundiales indican que el número de matrimonios va a la baja mientras que el de divorcios y de parejas en unión libre va a la alza. Las probabilidades de que un matrimonio termine en divorcio son cerca de 43 por ciento en Estados Unidos y un poco menos en México. No hay estadísticas confiables, pero muchas uniones libres también terminan. ¿Será que en verdad el matrimonio o la convivencia son la tumba del amor? ¡Claro que no! Lo que sepulta al amor no es el matrimonio, sino la falta de comunicación. Entre los problemas que hacen ver al matrimonio como una institución caduca (además de la imposibilidad de comunicarnos) están el miedo a la soltería, los sueños irreales del príncipe azul que nos empujan a casarnos literalmente a ciegas. Amor *versus* romanticismo.

Nos asustamos y entristecemos cuando las parejas cercanas a nosotros se divorcian o se separan. Es un trago amargo para ambos integrantes de la relación y para sus hijos, por decir lo menos. La verdad, debimos habernos entristecido antes, cuando vimos que personas queridas estaban tomando una decisión a todas luces equivocada. Debimos habernos escandalizado al darnos cuenta de que se iban a vivir con la persona que no era para ellos; que tomaban una de las decisiones más importantes de su vida dejándose llevar por la ilusión de la boda, por miedo a la soledad, o por convencionalismos sociales. Debimos haber puesto "el grito en el cielo" cuando vimos que se casaban sin conocerse a sí mismos ni conocer al cónyuge; no cuando se divorciaron. El divorcio o la separación son difíciles, pero es peor ver a quienes tanto queremos vivir atados por años a relaciones destructivas, con devastadoras consecuencias para todos los involucrados.

En verdad no debería sorprendernos que haya cada vez más divorcios. ¿Cómo podría ser de otra manera, si no nos conocemos y no sabemos qué queremos, si no conocemos bien a la persona con quien hemos decidido vivir, si no hemos hablado de los temas fundamentales de una convivencia y no nos hemos puesto de acuerdo en NADA? Para nuestra cultura latina, una negociación de dinero o la división de gastos, ya no digamos un acuerdo prenupcial, es el clímax del antirromanticismo. ¡Horror de horrores! ¿Alguien ha visto en una película de Hollywood o de Disney que la heroína se siente a discutir con el príncipe valiente cómo van a dividir las tareas del castillo y las responsabilidades de los hijos? ¡Ja! Nunca. La realidad no vende. Es más fácil alimentar nuestras ilusiones con películas en las que el amor vence todos los obstáculos y donde después de una preciosa boda los novios parten felices y enamorados rumbo a la luna de miel y aparece la palabra "FIN". El problema es que en la vida real es justo al revés. La pareja, después de una preciosa boda y una romántica luna de miel, regresa y se enfrenta brutalmente con la cotidianidad. Nada más lejos que la palabra "FIN"; por el contrario, es ahí cuando empieza la película de un matrimonio, en donde hechos tan simples como la manera en que oprimimos la pasta de dientes o el lavado de los platos pueden dar lugar a peleas campales que hacen imposible la convivencia.

Aprender a comunicarse es muy importante, porque las vidas de dos personas no se sincronizan tan fácilmente como un smartphone. Hay que poner en orden eventos, compromisos laborales, parientes consanguíneos y familias políticas. Sin comunicación es imposible ponerse de acuerdo, como imposible es también tratar de hacerlo con la persona equivocada. La comunicación asertiva es la base de cualquier relación sana.

"Es más fácil casarse que seguir casado." A pesar de que la frase parece haberla dicho Elizabeth Taylor, es una realidad, no sólo por las estadísticas de divorcio, sino porque muchas veces tomamos la decisión de casarnos o vivir con alguien basados en fantasías más que en realidades y sin pensar mucho las cosas. En la mayoría de los casos nos casamos muy jóvenes, sin conocernos y sin saber bien qué queremos y qué esperamos del matrimonio y de nuestra pareja.

La intención de este libro es tratar de motivar la comunicación entre quienes piensan vivir juntos o casarse, o quienes ya viven juntos o están casados por primera vez o por segunda vuelta, sobre los temas cotidianos que son de vital importancia para la vida en común. No pretendo desvalorizar la importancia de las fantasías de una boda, pero al final del día, una boda es únicamente una fiesta que dura unas horas y el matrimonio es para toda la vida. Existen muchos libros que te ayudarán a planear tu boda, con todo tipo de ideas para que tu evento salga como siempre has anhelado. Pero después de esas horas soñadas, viene la realidad. Decidir comprometernos con alguien, ya sea en unión libre o en matrimonio, es una elección de vida. Como en todas las elecciones, y para elegir bien, es necesario conocer las opciones. Muchas veces, lo más obvio es lo último que se nos ocurre preguntarnos y preguntar a nuestra pareja. Pasamos horas en la preparación de la boda pero dedicamos muy poco tiempo a la planeación de nuestra vida en común.

Es ésa la razón de este libro. Funcionar como un "ahorrapleitos". ¿Cómo? Proponiendo una serie de temas que es necesario discutir antes de vivir juntos o de casarnos. Los temas han sido elegidos basándose en los problemas más comunes de las parejas. Probablemente no son todos los que están, ni están todos los que son. Cada pareja se enfrenta a diferentes situaciones y es imposible preverlas todas.

Aunque el momento ideal para plantearte estas cuestiones es cuando estás conociendo a alguien en una relación, también es cierto que nunca acabas de conocer a alguien. Este libro te puede servir para anticiparlas cuando no han ocurrido o resolverlas cuando están sucediendo.

Cuando se casó una amiga la acompañé a buscar su vestido de novia; en la tienda nos obsequiaron una pequeña agenda con todas las cosas que hay que tomar en cuenta para organizar la boda perfecta. Pero ¿y el matrimonio? Entonces recordé la idea de Patricia y su lista de temas para hablar del matrimonio y pensé en escribir el libro. Definitivamente no hay un libro que te ayude a organizarlo ni a tenerlo bajo control, pero plantearse estos temas, discutirlos antes de que se presenten, puede ayudar a evitar muchos pleitos y desengaños.

Mi historia personal es una buena muestra de falta de comunicación. Me casé muy joven con un hombre divorciado y no me hice (ni le hice) muchas preguntas. Creía que el amor salvaría todos los obstáculos.

Y sí, estoy segura de que lo hace, pero sin la comunicación no hay amor que aguante. Con el paso de los años el sueño del matrimonio acabó en un estrepitoso divorcio. Tan estrepitoso que todavía no he logrado tener una buena relación. Lo cual no quiere decir que no crea en ella y no pierdo la esperanza porque nunca es tarde para tener una buena relación de exparejas.

Si lo pensamos, son pocos los requisitos que el Estado pide para un matrimonio. Sería una buena idea que junto con los exámenes prematrimoniales te pidieran como requisito tener un acuerdo prenupcial, no para ver quién se va a quedar con qué en caso de divorcio, sino un acuerdo sobre cómo se resolverán en el matrimonio temas controvertidos como los hijos y su educación, el trabajo, el dinero, la división de las tareas en el hogar, etcétera. Por eso, al final del libro encontrarás mi versión de un "Acuerdo prenupcial" para que apuntes los acuerdos a los que llegaron tu pareja y tú. Aclaro: no hay acuerdos buenos ni malos. Lo que para algunos puede resultar inconcebible, para otros es la solución ideal a un problema. Lo importante es justamente eso, aprender a llegar a acuerdos que ambos cumplan y con los que se sientan a gusto.

Cuando empezaba a escribir el libro, me topé con un artículo de Ashley Strickland en CNN titulado "A las personas narcisistas les interesa más la boda que la relación".* El artículo ponía como ejemplo el matrimonio de Kim Kardashian y Kris Humphries, que terminó setenta y dos días después de una fastuosa boda de diez millones de dólares.

El texto mencionaba dos razones principales para que esto suceda: el narcisismo que nos lleva a obsesionarnos con un suceso de un día y la falta de conocimiento de la persona con la cual pensamos unirnos; si sales pocos meses con una persona y después están planeando la boda, realmente no conoces a la persona con la que pretendes casarte. El artículo recomienda no casarte antes de un año de conocerse. Creo que sería maravilloso, y de lo más sano, que así como dedicamos mucho tiempo a planear la boda de nuestros sueños, dedicáramos más tiempo a planear nuestro matrimonio.

Por supuesto que no todas las bodas son actos narcisistas; la celebración es una sana manera de hacer el compromiso público, pero

---

* Disponible en línea en: bit.ly/sfwma8.

hay que estar conscientes de que la atención tiene que ir a la relación y no al festejo.

"Sobrevivir a la tarea de planear una boda juntos y, finalmente, de vivir juntos durante años y años, significa ser capaz de apoyarse mutuamente en las decisiones básicas o en los momentos difíciles. Las parejas que han salido juntas menos de un año muchas veces ni siquiera pueden soportar pequeños conflictos ni superar las diferencias", dice la psicoterapeuta Micki McWade en el artículo citado. Y continúa: "Debe conocer a esa persona durante un año y no simplemente quedar atrapado en las hormonas, ya que gran parte de la atracción es física, pero eso no significa que las personas sean capaces de vivir juntas durante el resto de sus vidas".

Para McWade el narcisismo es el mayor asesino de las relaciones, y si la boda se convierte en algo "mío" en lugar de algo "nuestro" es una clara señal de advertencia de que quizá sea mejor pensar las cosas dos veces. McWade cree que los estadunidenses están más predispuestos al narcisismo; yo creo que el narcisismo no respeta nacionalidad, género o edad: afecta a todos por igual. Afirma que "el mejor tipo de relación es aquella en la que las personas son realmente independientes por su cuenta, y luego se unen para compartir sus experiencias y amor por el otro. Que tengan una vida plena en ambos lados y que las dos personas estén equilibradas en cada lado, y que sean capaces de mantener ese equilibrio durante un año; eso es lo mejor".

Cuando leí que "el énfasis actual es en gran medida en la boda y no en el matrimonio" supe que este libro estaba bien encaminado y que podría ser útil a varias personas que pensaran casarse por primera vez, por segunda, vivir en unión libre, sea cual fuere su edad, orientación sexual, ideología o trasfondo socioeconómico.

Quisiera aclarar que no soy una experta. No estudié psicología ni me dedico a terapias de pareja. Este libro es el resultado de mi experiencia, de las lecturas que he realizado para escribir mis artículos, de la experiencia de amigos, conocidos y lectores de mis artículos que han querido compartirlas y también de reflexionar sobre un problema que me importa mucho. Algunas de estas páginas provienen de artículos míos que se publicaron en una primera versión en *Milenio Diario* entre 2006 y 2012 y han sido actualizadas e integradas a la idea de este libro.

Quise poner ejemplos de películas y lecturas porque ilustran con gran facilidad muchos de los problemas de los cuales hablo en el libro, de la misma manera que cuando queremos describir a alguien en extremo avaro, simplemente decimos: "Es como Scrooge", o "Es un grinch" para aludir a alguien a quien no le gusta la navidad. Las escenas se nos quedan grabadas para siempre y así es más fácil identificar las conductas. Hacia el final de algunos capítulos hay, asimismo, algunas consideraciones para quienes ya vivieron una relación de pareja seguida de una separación, y quieren volver a casarse o vivir juntos.

De corazón espero que este libro sea de utilidad y que ahorre algún problema, o sirva de ayuda a quienes lo tienen entre sus manos.

1 Muy bien la boda...
¿Y el matrimonio?

Choque de culturas

Cada quien llega al matrimonio con una carga cultural. No podemos despojarnos de un plumazo de aquello que vivimos y nos enseñaron. Cada familia tiene sus propias historias, anécdotas y maneras de ver la vida. De este bagaje familiar surgen nuestras creencias en relación con el mundo que nos rodea, el dinero, nuestro comportamiento social, la manera de relacionarnos con nosotros mismos y con los demás... Todo ello nos acompaña siempre. Es imposible encontrar dos núcleos familiares iguales: por mucho que creamos que tenemos antecedentes culturales y familiares comunes, pronto veremos las diferencias; en algunos casos serán tan sencillas como la manera de poner o servir la mesa, y en otros serán de carácter fundamental, como nuestras ideas sobre cómo educar a los hijos o manejar el dinero. Por simples que parezcan, esas discrepancias pueden ser causa de grandes pleitos.

Es importante entender que probablemente nuestra pareja valore sus tradiciones familiares de la misma manera en que valoramos las nuestras. Por ridículas que nos parezcan sus costumbres heredadas, debemos comprender que éstas le dan a nuestro cónyuge un sentido de pertenencia. Por eso es importante respetarlas, de igual modo en que pediremos que respete las nuestras. Muchas veces, a pesar de haber crecido en el mismo país y con la misma lengua, las tradiciones de otras familias nos parecen lejanas, como si fueran no digamos de otro país, sino de otro planeta.

Cristina es hija única y desde joven ha viajado sola. Sus padres la educaron para creer en la independencia de las personas y la igualdad de género. En su casa no había "cosas de mujeres" y "cosas de

25

hombres". Sus padres hacían las mismas tareas en el hogar, dependiendo del tiempo que tuvieran disponible. Su madre sabía cambiar llantas y su papá cocinar. Ella aprendió ambas cosas. Se enamoró de Víctor, que proviene de la típica familia que hace todo junta. En casa de Víctor las mujeres preparan la comida y sirven la mesa. Además, la familia se reúne una vez a la semana, y todos son bienvenidos a esas reuniones. Los primos y tíos que quieran asistir el sábado, pueden hacerlo siempre y cuando hayan avisado el jueves.

Cristina no estaba acostumbrada a tantas reuniones familiares, porque además de las semanales, había que asistir a cumpleaños, bodas, primeras comuniones, graduaciones y bautizos de la familia extendida. Sentía que no tenía tiempo para estar con su pareja y sus amistades. Después de varios conflictos, llegaron a un acuerdo: sí asistirían a todos los festejos de la familia más cercana de cada uno, pero se hablaría antes sobre los de los primos y tíos. Jamás se aceptaría una invitación sin antes preguntar al otro por sus planes y, en caso de emergencia, si Cristina tenía otro compromiso, Víctor podría acompañarla o ir solo. Las vacaciones con miembros de los familiares de uno y otro quedaron reducidas a una vez al año. Ambos estuvieron conformes con el acuerdo y se acabaron las discusiones. Cristina todavía no entiende la necesidad de reunirse con la familia para poner el nacimiento cada navidad, pero ha llegado a disfrutar la tradición y piensa seguirla cuando tengan hijos.

El choque cultural es grande. Tendemos a creer que nuestra manera de hacer las cosas (o más bien la de nuestra familia) es la correcta. Ante un choque cultural lo más importante es tratar de llegar a un punto medio que funcione para ambos o acordar lo que tenga más sentido tomando en cuenta la situación del momento.

A este respecto, parto de la firme creencia en la equidad entre el varón y la mujer. No creo que existan "cosas de hombres" y "cosas de mujeres": ellos, por ejemplo, son tan capaces de cocinar como una mujer y en muchos casos lo hacen mejor. Es cuestión de disposición y aptitud más que de género.

Descalificar las costumbres de tu familia política es una manera de descalificar a tu pareja, y a nadie le gusta que critiquen a los suyos, a pesar de que ellos mismos lo hagan. Es algo así como un asunto de soberanía nacional: podremos criticar a nuestro país, pero cuando un extranjero dice lo mismo que nosotros por lo general nos cae muy mal y acabamos defendiendo aquello que denostábamos.

Mi papá hacía y mi mamá me hacía

Las comparaciones son odiosas. Lo sabemos. Cuando niños, nada nos cae peor que el hecho de que nuestros padres nos comparen con nuestros hermanos o primos, y más grandecitos, odiamos que nuestros maestros nos comparen. La misma lógica vale para nuestras parejas: oír hablar elogiosamente de la ex saca ronchas a cualquiera. No podemos evitar pensar: "¿Pues por qué la dejó, si era tan maravillosa?".

Comparar a nuestras parejas con nuestros padres tampoco es buena idea. Tendemos a idealizar a nuestros progenitores, en especial cuando hemos tenido la desgracia de perderlos. Agustín recuerda a su difunto exsuegro como un tipo promedio: no era muy alto, tampoco gordo y tenía el pelo oscuro. Tuvo varios trabajos y no destacó significativamente en ninguno de ellos. Sin embargo, cuando Patricia, la exesposa de Agustín, habla de su padre, la imagen que pinta no tiene nada que ver con el hombre que él conoció. Ella recuerda a su padre como alto, rubio, hiperinteligente, terriblemente simpático, trabajador, exitoso y querido por todos, faltaba más. Cuando tuvieron hijos, no paraba de comparar a Agustín con su padre, quien había fallecido poco después del matrimonio de ambos: "Mi papá siempre estaba con nosotros los domingos, no sé por qué no puedes tú estar con tus hijos". Agustín en un principio contestaba que él no lo recordaba así; con el tiempo vio que esto sólo traía más problemas y agrandaba las discusiones, así que aceptaba sin conceder. Le daba "por su lado" para terminar la discusión. Curiosamente, alguna vez que la hermana de Patricia los oyó discutir sobre el tema, dijo que ella no recordaba que su padre fuera como Patricia decía.

Lo mismo sucede cuando se santifica a la madre. Las madres de todos son seres humanos con defectos y cualidades. Es lógico que le tengamos un cariño especial a la nuestra, pero pocas cosas molestan más a las mujeres que les mencionen a "mi santa madre".

¡Atención! Una cosa es compartir la admiración que sentimos por nuestros progenitores y otra muy distinta comparar a nuestra pareja con ellos. Las comparaciones son siempre injustas, porque no hay dos seres humanos iguales. Además, cuando idealizamos a uno de ellos, está bien claro quién va a salir perdiendo siempre en la comparación. Si bien es cierto que muchas mujeres y hombres ven a sus progenitores como modelos a seguir, o bien, buscan en la pareja al padre o madre que les hizo falta (existen miles de libros de psicología que hablan del complejo de Edipo y Electra), la realidad es que es imposible clonarlos, así que lo mejor es dejar atrás las fantasías y aceptar al cónyuge tal cual es.

Hablando de cambios: voy a hacer que él/ella cambie

Habría que ponderar entre dos ideas opuestas: "Todos podemos cambiar" y "La gente no cambia". Ambas frases, por contradictorias que parezcan, tienen mucho de verdad. Todos podemos cambiar, es cierto, y de hecho lo hacemos constantemente. Con el paso de los años sustituimos algunos gustos y aficiones con otros nuevos. No nos apetece siempre la misma comida ni la misma bebida, y cambiamos también de gustos musicales y hasta de manera de pensar.

La gente cambia, sí, pero cambia ciertos hábitos el día que decide hacerlo. Nadie cambia por las exigencias o caprichos de otros sin una convicción propia. Esa convicción interna es lo que nos lleva a modificar nuestra conducta. Cuando nos damos cuenta de que algo no nos sirve, nos lastima o lastima a otros, surge en nosotros la necesidad de cambiar. Cuando advertimos que cierta conducta tiene consecuencias negativas para nosotros mismos o para los demás, decidimos modificarla. El cambio y crecimiento existen, pero dependen de la decisión de cada persona y se realizan en el momento en que cada uno lo cree conveniente. De nada sirve decirle a una persona que deje de fumar si no está lista para hacerlo.

Por otra parte, es necesario conocer a la persona y aceptarla como es. Es un mito que por amor la gente cambie. Puede hacerlo, pero siempre y cuando quiera hacerlo. El malhumorado puede cambiar, sí. ¿El mujeriego? También. Pero esos cambios vienen de una decisión interna que no tiene que ver con quien se los pida ni con las razones por las cuales se los pida (que pueden ser razones sólidas y hasta perseguir el propio bien de quien queremos que cambie). Tampoco importan las posibles consecuencias de cambiar o no hacerlo. Por eso es importante aprender a detectar los focos rojos en las relaciones y darles la importancia que tienen: minimizarlos en nuestra cabeza no los hará desaparecer. Es necesario saber qué queremos, con qué podemos vivir y con qué no. Habrá no fumadores que pueden vivir y tener felices matrimonios con fumadores mediante acuerdos. Habrá quien no tolere el cigarro y una relación con alguien que fume le resulta inconcebible.

Ambas posturas son válidas. Pero pretender cambiar a la persona para que se ajuste a nuestros ideales no lo es.

Un solo defecto puede ser suficiente para opacar todas las cualidades de una persona; por eso es necesario conocerla y aceptarla tal cual es. Si el defecto en cuestión a nosotros nos parece intolerable, es mejor replantear la relación. Enamorarse de las cualidades es muy sencillo: ¿quién no puede querer a alguien detallista, cariñoso, trabajador, prudente, inteligente, comprensivo, solidario? Pero además de todas esas cualidades tiene un defecto que no podemos soportar, como el que sea mujeriego o jugador compulsivo. Si esos defectos nos parecen insoportables y van en contra de aquello que consideramos fundamental en una relación como la fidelidad, pues es momento de pensar si verdaderamente ésa es la persona para nosotros. Si tenemos la fidelidad como un valor no negociable, es mejor evitar salir con el mujeriego, por adorable, carismático, comprensivo y maravilloso que resulte en la cama. Ese hombre probablemente no vaya a cambiar, e ignorar esto puede ser fuente de mucho sufrimiento futuro.

Si bien es cierto que durante la etapa del noviazgo mostramos nuestra mejor cara, también lo es que aun cuando enseñamos esa cara pueden externarse señales de alarma o "focos rojos". Cada quien sabe si decide ignorarlos o no. Clara salió con un tipo encantador quien en una de las primeras citas le dijo: "En mi casa todos dicen que soy un loco neurótico". Ella prefirió hacer caso omiso del comentario, y la relación terminó a gritos después de varios pleitos absurdos. Clara aprendió que si alguien te dice que es loco, es mejor poner atención y creerle, o al menos preguntar por qué su familia lo percibe así.

Todo cambiará cuando nos casemos

> Las mujeres se casan pensando que el hombre cambiará; los hombres lo hacen pensando que la mujer no lo hará... Inevitablemente ambos quedan decepcionados.
>
> OSCAR WILDE

Creer que por el simple hecho de que nos casemos nuestra pareja cambiará, es un error fatal, pero muy común. Si decidimos ignorar los focos rojos y seguir la relación con el neurótico, el mujeriego o el flojo, no pretendamos que por mudar de estado civil las cosas cambiarán fácilmente. Pensar que el matrimonio soluciona todos los problemas es tan absurdo como creer que por el simple hecho de convertirse en casada la mujer que nunca ha entrado a la cocina se volverá una gran cocinera y disfrutará hacer pasteles, o que el hombre que siempre ha sido prepotente se volverá un ejemplo de humildad. El matrimonio o la convivencia no hacen milagros. El que es desordenado seguirá siéndolo; a quien no le gusta la cocina, seguirá sin gustarle. Si bien es cierto que ambos pueden hacer esfuerzos para la sana convivencia y armonía, y puede ser que ambos modifiquen ciertos aspectos de su carácter en el matrimonio, muchos esfuerzos de esta clase funcionan sólo por un tiempo; después vuelven las cosas a ser como eran antes.

También es necesario tener cuidado con las promesas de cambio prácticamente imposibles de cumplir. Una mujer muy dominante y crítica de lo que hace su novio con seguridad seguirá siéndolo después de casarse, a pesar de las promesas que haya hecho en cuanto a modificar su conducta. Hay que ser realistas: quizá pueda tratar de ser más tolerante y comprensiva, pero seguirá intentando que las cosas se hagan a su modo más de una vez.

Recuerdo bien el primer pleito de casada que tuvo una amiga mía. Lloró por días porque su flamante marido criticó la sopa de fideos (grasosa e insulsa) que ella le hizo. "Yo pensaba que porque me ama se comería la sopa sin criticarla… ¡Buaaa!" No disculpo al marido por su probable falta de tacto al criticar los esfuerzos culinarios de su mujer, pero sí debo decir que pensar que por amor uno aguanta todo es un absurdo.

Aprender a escuchar

La mayoría de las personas no tenemos ninguna deficiencia auditiva; sin embargo, nos cuesta trabajo escuchar lo que dicen los demás. No es una cuestión de oído sino de atención y apertura. A pesar de que nos comunicamos desde el momento en que nacemos, no hemos aprendido a hacerlo efectivamente, lo que nos ocasiona muchos dolores de cabeza. Muchas veces, mientras nuestra pareja habla de sus intereses, preocupaciones o planes futuros, permanecemos sumergidos/as en nuestros pensamientos, oyendo pero sin prestar mucha atención. Después viene el "¡Pero si ya te había dicho que la fiesta era hoy!" o el consabido "Nunca pones atención a lo que te digo, porque no te importo".

Por otra parte, así como hay que aprender a escuchar, también hay que aprender a expresar bien lo que queremos y sentimos, y buscar el momento adecuado para hablar. A veces ese instante no llega en un día ni en una semana, pero si queremos que nos escuchen es muy importante encontrar la hora, si no perfecta, óptima.

La importancia que nos damos

Nadie duda de las ventajas de una sana autoestima. El quererse y apreciarse a uno mismo es importantísimo para la vida y para el buen funcionamiento de cualquier relación de pareja. Una persona que se tiene aprecio y valora sus cualidades puede apreciar las de los demás: puede compartir, poner límites y ser asertivo. Sin embargo, hay quienes confunden la autoestima con la importancia personal o el ego desmedido. Una cosa es tenerse aprecio y quererse a uno mismo, y otra pensar que todo lo que hacemos, decimos y pensamos está bien y debe ser adoptado por los demás, o creer que los demás deben tratarnos de una forma reverencial. El darnos demasiada importancia complica y hasta imposibilita la convivencia. ¿Quién quiere vivir con el señor o señora sabelotodo? Las personas que se dan demasiada importancia personal son prácticamente imposibles de satisfacer: siempre encuentran algo que no está de acuerdo con la idea que él o ella tienen de cómo deberían ser tratados.

Si se enamora lo suficiente de mí, hará lo que yo quiera

El amor efectivamente hace milagros. Una persona enamorada hace muchísimas cosas por el ser amado. En las novelas y películas tenemos miles de ejemplos de enamorados que realizan tareas en verdad titánicas para conseguir los afectos del objeto de su amor. Una persona enamorada encuentra encantadores (o cuando menos tolerables) los defectos de su amado; tiene paciencia y cede para complacer los caprichos de su amorcito.

Por desgracia, este estado de enamoramiento no dura para toda la vida. Estudios científicos nos dicen que esta clase de amor dura cuando mucho dos años. Después de que nos bajamos de la nube, ya no son tan encantadores los defectos del otro y no queremos ceder en los caprichitos de la pareja, que ahora, lejos de parecernos conmovedores, nos resultan absurdos y nos hacen enfurecer.

No pongo en duda la creencia de que si alguien se enamora profundamente de otra persona, le cumplirá varios caprichos, pero me queda claro que esto sólo dura un corto tiempo. Aquí la pregunta es: ¿por qué quiero que el otro haga lo que yo quiero? El control no es una buena solución para ningún tipo de relación, mucho menos en la de dos adultos que no son subordinados uno del otro, sino que están en una relación de iguales. Esta creencia es una expectativa falsa que con el tiempo, al igual que todas las demás, nos va a acarrear grandes desilusiones. Más que pretender que el otro haga lo que queremos, es necesario aprender a expresar sinceramente lo que queremos y negociarlo.

Cuando entendemos las razones por las cuales otra persona considera que tal o cual cosa es importante, resulta mucho más fácil que podamos llegar a un acuerdo. Supongamos que a la hora de un partido de futbol queremos visitar a la tía Magda, que vive en un asilo al otro lado de la ciudad. Si decimos: "Hoy tenemos que ir con la tía Magda", lo más probable es que no nos acompañen, o que lo hagan de mala gana. Si explicamos que la tía Magda está enferma y que le tenemos cariño porque nos apoyó económicamente para poder ir al viaje de la generación, o porque era quien siempre nos explicaba matemáticas, y además ofrecemos ser más flexibles en cuanto a la hora y el tiempo de la visita, tendremos más probabilidades de que nos acompañen y lo hagan con gusto: "Gordo, oye, fíjate que mi tía Magda no anda nada bien. Me dicen del asilo que se ha sentido muy sola. Me preocupa, ya ves que ella no tiene hijos y siempre me apoyó con los estudios. Me encantaría que la pasáramos a ver un ratito el sábado. ¿Puedes?". Quizás el Gordo diga que ese día es el partido, pero también podrá ofrecernos ir otro día. Definitivamente nuestras opciones para conseguir algo mejoran de modo considerable cuando pedimos las cosas de buena manera y damos un espacio a la negociación.

Los matrimonios deben ser de tal o cual manera

¿Qué es un matrimonio? Para empezar, es un
que se expresa de manera solemne ante un tes
unión. Punto; todo lo demás es boda. ¿Que si hay
que si fue por el rito católico, que si por el judío,
rito? No importa. Vivir juntos es un acuerdo de volu... ...bien es
cierto que la ley marca obligaciones y responsabilid... ..., cada pareja
debe establecer los acuerdos que le parezcan válidos y que la ayudarán a encontrar bienestar y calidad de vida. En última instancia, ése es
uno de los propósitos fundamentales de este libro: ayudar a pensar en
los temas que estarán sujetos a acuerdos. Los acuerdos no son eternos:
se pueden cambiar en función de las circunstancias o si así lo desean
los cónyuges. Eso sí: éstos no se pueden modificar de forma unilateral.
Nada de que: "Ya había quedado, pero ya no me gustó, y ahora no
cumplo con el acuerdo". Se puede modificar lo convenido, pero es necesario que la otra persona sepa que las cosan han cambiado y lo acepte.

Lo que funciona para unos no funciona para todos. Eso no importa: aquí no hay estándares ni metas que cumplir; no hay que compararse con nadie. Cualquier acuerdo es válido si es lo que ambos
quieren, por absurdo, ilógico y peligroso que les parezca a los demás.
El clásico consejo que dice: "Nunca te vayas a dormir después de un
pleito, habla las cosas antes" puede funcionar muy bien para algunos;
otros, sin embargo, saben que para ellos es mejor calmarse, y que llegar a ese estado de tranquilidad que permita discutir los problemas sin
apasionamiento toma más tiempo. Para ellos no sirve la regla general,
así haya sido el consejo que les dieron sus padres, porque a ellos les
funcionó divinamente. Cada caso es diferente.

Otra situación llena de ideas preconcebidas es la del espacio
para dormir. Por lo general, interpretamos que las parejas que duermen separadas tienen dificultades en la relación. Pero en los años cincuenta varios programas de la televisión estadunidense mostraban las
recámaras principales con camas gemelas en vez de una sola cama, y
en México algunas personas solían tener cuartos separados. Un buen
ejemplo de ello son mis abuelos, que desde el día en que se casaron
durmieron en habitaciones separadas, y aun así tuvieron seis hijos y un
matrimonio feliz hasta que la muerte los separó. Cuando Rafael y Édgar
decidieron vivir juntos después de unos años de relación, encontraron

barrio elegante de la ciudad de México la casa de sus sueños, con jardín y espacio para sus perros. Al ir a ver la casa, Rafael dijo: "Y la recámara principal...". Édgar lo corrigió rápidamente: "En esta casa habrá dos cuartos principales". Rafael confiesa que las palabras de Édgar le cayeron como una cubetada de agua fría en el primer momento. Pero tras escuchar las razones de Édgar, Rafael accedió al acuerdo y, después de casi tres años de vivir juntos, es el primero en reconocer que tener cuartos separados funciona divinamente bien. Lejos de ser un problema, les ha evitado muchísimos pleitos, ya que sus horarios y patrones de sueño son muy diferentes. Así Édgar puede dormir a pierna suelta sin que Rafael lo despierte para irse al gimnasio al amanecer.

En la segunda unión: el fantasma de los ex

Si es cierto que las comparaciones son odiosas, debe quedar claro que comparar a tu nueva pareja con tu ex, aunque sea en términos halagüeños, no es buena idea. Tenemos que entender que cada relación es única: la de Juan con María no puede ser ni remotamente parecida a la de Juan con Cristina, lo mismo que la relación que María tuvo con Pedro no puede ser igual a la que tiene con Juan. Es imposible. Si entendemos que cada relación es única y que, por lo mismo, la comparación resulta imposible, es más fácil dejar a nuestros fantasmas en el pasado y dejar de sentirnos celosos o amenazados por los ex de nuestra actual pareja.

Al igual que no hablarías maravillas de tu trabajo anterior con tu nuevo jefe (y, si eres listo, tampoco pestes), es mejor mantener las pláticas sobre los ex en un nivel neutral pero sincero. Si todavía no has podido superar lo que sentías por tu ex, si crees que tu nueva pareja no está a la altura de la anterior, si piensas que no podrás ser tan feliz como lo eras antes, es un muy buen momento para replantear tu relación actual y, tal vez, terminarla, porque nadie puede pensar en construir algo con los ojos puestos en otra parte. Si ése es tu caso, busca ayuda profesional ya.

A pesar de que pocos quieran reconocerlo, los ex muchas veces se perciben como una amenaza. Si en el matrimonio anterior no hubo hijos, probablemente haya poca relación entre los ex. Pero si los hay seguramente, y es lo deseable, continuarán en contacto toda la vida, aun cuando su matrimonio haya terminado. Es fácil que tu nueva pareja resienta el tiempo que pasas con tu ex, aunque sea únicamente por el tema de los hijos; o se sienta insegura y amenazada. Se requiere habilidad para tener una buena relación con la ex y que, al mismo tiempo, la nueva pareja se sienta segura. Desde luego que si bien es cierto que se acabó el amor, es muy posible que el cariño subsista y esto puede ser difícil de entender para el nuevo compañero.

No se pueden controlar los sentimientos que se tengan por el exmarido o la exmujer, pero sí podemos expresar cómo nos sentimos y, si es el caso, señalar algunas actitudes que consideramos fuera de lugar que nos hacen sentir incómodos o, bien, que nos parecen una falta de respeto. Muchas veces no nos damos cuenta de que nuestras actitudes pueden lastimar o molestar a otra persona.

Cuando Renata empezó a salir con Marcos, sabía que él tenía una muy buena relación con Paty, su exmujer; frecuentemente comían o cenaban juntos y se reunían, siempre en las fiestas importantes. Antes de casarse, Renata habló del tema con Marcos. Le dijo que ella no creía en prohibiciones ni en berrinches, pero que tenían que arreglar ese asunto antes de la boda porque le hacía mucho ruido; en cambio, estaba dispuesta a mantener una cordial relación en lo referente a los hijos de Marcos. Al principio, a él le pareció que era una forma de controlarlo, pero finalmente entendió que era lo mejor para su nuevo matrimonio y acordaron que espaciaría las comidas con su ex y así lo habló con Paty; ella, lejos de enojarse, apoyó a Renata, quien dejó de percibir a Paty como una amenaza. Estaban juntas en los partidos de futbol de los niños, las graduaciones, etcétera. La una siempre habló bien de la otra y con el tiempo ambas llegaron a estimarse mucho.

Algunas películas

- *Designing Woman* (*Mi desconfiada esposa*) (1957). Dir. Vincente Minnelli, con Lauren Bacall y Gregory Peck. Una pareja se conoce en vacaciones; se casan rápidamente, sólo para descubrir que no tienen mucho en común.
- *Amazing Grace* (*Himno de libertad*) (2006). Dir. Michael Apted, con Ioan Gruffudd y Benedict Cumberbatch. La historia de William Wilberforce, político inglés que dedicó su vida a luchar contra las injusticias sociales, especialmente contra la esclavitud, con el apoyo de su mujer.

- *Cinderella Man* (*El luchador*) (2005). Dir. Ron Howard, con Russel Crowe y Renée Zellweger. Narra la historia del boxeador James J. Braddock y sus esfuerzos para sacar adelante a su familia durante la Gran Depresión. La esposa de Braddock se muestra aprensiva y tiene grandes conflictos por el trabajo peligroso de su marido.

Algunas lecturas

1. "Did You Marry Your Dad?" ("¿Te casaste con tu padre?"), *Self.com*. El artículo se basa en una entrevista con Peggy Drexler, autora del libro *Our Fathers, Ourselves: Daughters, Fathers, and the Changing American Family* [*Nuestros padres, nosotros: hijas, padres y la cambiante familia americana*], sobre la tendencia de las mujeres a buscar hombres con características similares a las del padre de ellas. De acuerdo con la doctora Drexler, un buen número de mujeres idealiza al padre porque no lo conoce lo suficientemente bien como para ver sus debilidades y defectos: "Muchas mujeres dijeron que exigen un buen trato de sus parejas románticas, como consecuencia de la forma en que su respectivo padre las había tratado, para bien o para mal. A algunas les gustaba la galantería de su padre y exigieron este trato a su novio. Quienes resultaron heridas por la insensibilidad paterna, se negaron a tolerarla en los hombres con los que salen. Ambos patrones mostraron que muchas de las mujeres de hoy son conscientes de la influencia paterna en su autoestima —es un signo alentador— y que están utilizando este conocimiento para tomar mejores decisiones en la pareja".

   El artículo en línea: on.self.com/mIQ3xL.

2. "How to Avoid Divorce in a Second Marriage" ("Cómo evitar el divorcio en un segundo matrimonio"), *HadtoKnow.com*. A pesar de que lo lógico sería pensar lo contrario, estadísticamente, los segundos matrimonios tienen tasas aún más elevadas de divorcio que los primeros. El artículo establece que quizá esto se deba a que la gente suele casarse con una nueva pareja muy similar a la primera y repite los mismos errores, y que las personas divorciadas tienen menos reparos en divorciarse. Recomienda lo siguiente para quien planea casarse por segunda vez:

a) No escojas una pareja que tenga los peores rasgos de tu ex.

b) Date cuenta de que no importa con quién te cases, siempre habrá problemas y hay que afrontarlos.

c) Insiste en que los miembros de la familia y los niños traten con respeto a tu nueva pareja.

d) No guardes recuerdos de tu primer matrimonio en la casa (excepto algunas fotos para los niños).

e) Nunca compares a tu nuevo cónyuge con tu ex.

f) Trata de resolver todos los conflictos aun cuando no sean tu culpa.

g) Piensa en tu primer matrimonio como una lección, no un fracaso, y aplica esas lecciones para tener un segundo matrimonio feliz y duradero.

El artículo en línea: bit.ly/JSwmnF.

2 Por qué nos queremos casar

¿Sobrevaloramos el estar casados?

> *El matrimonio es tratar de solucionar, entre dos, problemas que nunca hubieran surgido al estar solos.*
>
> EDDY CANTOR, cómico estadunidense

Mi amiga Rosario, quien está felizmente casada, me comentó que tendemos a sobrevalorar varias cosas. El matrimonio es una de ellas, al igual que la maternidad. "Muchas personas creen que te casas y ya tienes el asunto resuelto. Es un grave error. Casarte no resuelve nada, simplemente trae otros problemas; y para la maternidad hay que tener una vocación especial que no todas las mujeres poseen."

Rosario tiene razón. Si bien es cierto que la visión ha cambiado y muchos solteros están muy contentos con su estado civil, desafortunadamente todavía hay mujeres y hombres que tienen expectativas poco realistas sobre el matrimonio. Lo ven como una panacea, una especie de seguro que solucionará todos sus problemas: un pasaporte a la felicidad. Quieren experimentar el clásico "...y vivieron felices para siempre" de las películas o los cuentos de hadas. Tener expectativas irreales sobre el matrimonio no tiene que ver con la edad o la experiencia: hay solteros y solteras reciclados que siguen manteniéndolas a pesar de sus fracasos.

La sociedad nos presiona hacia el matrimonio. Nadie duda de sus ventajas, pero esa exaltación ha ocasionado que tengamos una visión poco realista de lo que conlleva casarse. Con esta presión encima, muchas personas ven ese estado civil como un deber que hay que cumplir o como una condición indispensable para la felicidad. Creen que es necesario dejar la soltería a toda costa para no pasar el resto de su vida solos e infelices. Desde ese punto de vista, cualquier "peor-es-nada" es mejor que esa alternativa. Entre más pasa el tiempo, lógicamente, el miedo a quedarse solo es mayor. Pero tomar una decisión por ese motivo no es, ni puede ser jamás, una buena decisión. La gran mayoría de las relaciones y matrimonios están basados en la necesidad o el miedo más que en el amor, lo cual explica por qué son tan caóticas.

A quienes piensan que el matrimonio resolverá todos sus problemas, la vida les muestra con crudeza que la realidad no corresponde ni remotamente con esta idea. De hecho, sabemos que el índice de divorcios va al alza y que las parejas que continúan casadas no necesariamente son felices. ¿Por qué entonces seguir empeñados en mantener expectativas que no tienen nada que ver con la realidad?

Esta visión irreal, imposible de lograr, juega en contra del matrimonio y no a su favor. Eso que creíamos que nos haría sentir plenos se convierte en una fuente de infelicidad. En vez de encontrar a nuestra media naranja nos topamos con nuestro medio limón, y cada uno logra sacar a relucir la peor parte en el otro. Al no encontrar en nuestra relación matrimonial todo lo que habíamos esperado, nos frustramos y pronto queremos abandonar el barco.

¡Oh, paradoja de la existencia humana! El que está soltero quiere estar casado por desear esa eterna felicidad que se supone lograremos en el matrimonio; y el que está casado desea estar soltero, porque lo que ha conseguido, en vez de la eterna felicidad, son los muy humanos dolores de cabeza que da una relación de dos seres con sus defectos y virtudes, en una situación real, sin fantasías.

A veces, en el afán por casarnos, lo que en realidad buscamos es cierta calidad de vida, más que un matrimonio. Queremos sentirnos bien. Si un matrimonio es bueno, gozaremos, es cierto, de una buena calidad de vida; el problema surge cuando las cosas van mal y la gente decide mantener la relación a cualquier precio. En ese caso, la calidad de vida de los involucrados disminuye drásticamente.

Como bien dice Rosario, la soltería también tiene sus ventajas que, muchas veces, envidian los que están casados. Sin embargo, la cuestión reside en aprender a disfrutar cada etapa de la vida. Puedes vivir solo y no por ello sentirte solo; puedes tener una pareja y no por ello tener que casarte; y puedes querer casarte, pero no movido por el miedo, sino por el deseo auténtico de compartir tu vida con alguien especial.

Para que cualquier cosa funcione (un negocio, una relación o lo que sea), hay que crearse expectativas reales al respecto. Debemos entender que los productos milagrosos de la televisión, los negocios que prometen volverte millonario de la noche a la mañana y el "vivieron felices para siempre" simple y sencillamente no funcionan, ya que están fuera de la realidad. Existen muchas parejas felices, pero no son producto de la casualidad, sino de un esfuerzo constante por cuidar la relación, por lograr un equilibrio entre dos personas al mantener respeto, admiración y tolerancia mutuos. Tampoco es el matrimonio la única opción para la felicidad: hay solteros que viven plenamente felices, para quienes el matrimonio o la pareja simplemente no están en sus planes. Y hay también parejas que deciden no casarse y son felices por igual.

La idea de que el matrimonio resolverá tus problemas está definitivamente sobrevaluada; de hecho, es una utopía. Por otro lado, y por desgracia, la idea del matrimonio por las razones correctas está subestimada. Es un hecho que la sociedad nos presiona a tener expectativas poco realistas de la vida en pareja; sin embargo, hay quienes sí entienden lo que es el matrimonio y lo hacen funcionar. Es muy importante que no perdamos eso de vista.

¿Somos compatibles?

Alguna vez, en una conferencia, don Miguel Ruiz, autor de los libros *Los cuatro acuerdos* y *La maestría del amor*, dijo que había que reunir los ingredientes para una buena relación. ¿Cómo saber si una relación tiene más o menos posibilidades de funcionar? El viejo don Miguel, que sabe más por viejo que por diablo, posee una receta fácil de entender: veinticinco por ciento del éxito de una pareja consiste en que las dos personas tengan intereses comunes. Es decir, que a los dos les gusten cosas similares en la vida. Esto no quiere decir que les debe gustar siempre lo mismo, sino que son camaradas, les gusta hacer deportes juntos o comparten un interés por la lectura, y respetan las actividades de la otra persona que no comparten. Si tenemos esto, encontramos a un buen compañero; tenemos un buen pedazo pero no todo el pastel. No es suficiente para que esta persona sea el amor de tu vida.

El segundo veinticinco por ciento es que ambas personas tengan un proyecto de vida en común. Esto es, que cuenten con un plan de cómo vivirán sus días y estén de acuerdo en los fundamentos de la vida en común. Por ejemplo: los dos quieren irse a vivir a provincia y ver crecer a sus hijos por allá; o los dos están de acuerdo en casarse, buscar un trabajo fuera y tener hijos pronto. Si uno de los dos quiere hacer un doctorado en Nueva Zelanda y dedicar casi todo su tiempo a la investigación, y además no está seguro de querer tener hijos, mientras que el otro se quiere casar ayer, tener hijos antier y su máxima ilusión es que su pareja no estudie ni trabaje, sino que se dedique a la familia, pues como que falla la definición del proyecto de vida en común.

Si una pareja completa los dos puntos anteriores, tiene hecha la mitad de una relación, pero falta algo: la otra mitad del pastel. Casi todo lo que falta es química, esa atracción indescriptible que hace que prefiramos estar con esa persona en vez de cualquier otra. Todos lo hemos sentido. Si tenemos esta química apabullante en una relación, pero faltan los dos elementos anteriores, el vínculo será muy pasional y maravilloso en lo físico, pero seguramente durará poco, pues fuera de la atracción no hay nada más que sustente la relación.

El último ingrediente es la inversión… De esto, entre menor porcentaje haya, mejor será la relación. En una inversión en un banco, digamos, tú das tu dinero y esperas que te den algo a cambio. En una relación debes dar sin esperar nada; si lo que das implica sacrificarte, no estás dando desinteresadamente. Esto causa rencores. Es la clásica historia del reclamo: "Dejé una carrera, dejé de ver a mis amigas, dejé mi país, todo para estar contigo, y mira: ¿así me pagas?". Si el precio es tan alto, tal vez no valga la pena pagarlo o puede ser imposible de pagar. ¿Cómo alguien puede compensar una brillante carrera profesional o los momentos que no vivió en su patria? Desde luego, entre mayor sea la inversión, deja menos espacio para otros ingredientes.

Creo que el concepto de la inversión planteado por don Miguel Ruiz está muy relacionado con el malentendido concepto de "sacrificio". Si por ejemplo decides ir el domingo a la comida familiar en casa de tus suegros de los que no eres santo de su devoción —ni lo son ellos de la tuya— ¿puede considerarse una inversión? No. Si decides ir es porque consideras que beneficia tu relación de pareja, porque crees que para tus hijos es importante el tiempo que pasan con sus abuelos. No es un sacrificio ni debes pedir nada a cambio. Si decides ir, hay que poner la mejor cara y hasta llevar el postre. O bien, puedes elegir no asistir y quedarte en casa y que los demás vayan.

En lo personal no comparto la idea de "sacrificio" en una pareja. De acuerdo con el Diccionario de la Real Academia Española, un sacrificio es un acto de abnegación inspirado por la vehemencia del amor. Uno debe hacer las cosas porque quiere. Lo mismo sucede con tus hijos. Si tienes una gran fiesta para la cual llevas semanas pensando en el vestido, zapatos, peinado, pero justo ese día se enferma tu marido o alguno de tus hijos, ¿dónde prefieres estar? Desde luego que a su lado. ¿Es un sacrificio? No. Es una elección. Lo mismo sucede con un padre de familia que decide no cambiar su auto por uno de lujo para poder costear los gastos escolares de sus hijos, o la hipoteca de la casa. Es una elección. Muchas veces utilizamos nuestras elecciones para manipular a otros haciéndolas pasar por sacrificio, y no son buenos cimientos para construir ningún tipo de relación.

¿Naranjas completas o medias naranjas?

La vida puede funcionar muy bien en pareja, es cierto, pero también puede marchar a la perfección en la soltería, si estamos en armonía con nosotros mismos. Una tendencia social nos empuja a tener pareja, basada en la noción de que en el caso contrario no estamos "completos". A fin de aliviar este problema de la soltería, existen muchas maneras para conocer a tu media naranja, que van desde las fiestas y la clásica cita a ciegas hasta los avances tecnológicos al servicio de los solteros como los chats y las citas por internet. ¡Qué maravilla que haya tantas opciones para abandonar la soltería si así lo deseamos! Todo eso está bien, pero me parece francamente limitante la percepción de que nuestra vida no está completa si no tenemos a "alguien" especial que nos complemente, si no tenemos a nuestra "media naranja".

El culpable histórico del mito de la media naranja es Platón. Sí, Platón. Este filósofo fundamental relata, en su diálogo *El banquete*, una parábola en la que explica que al principio había tres sexos: el masculino, el femenino y el andrógino. Este último estaba formado por seres dobles (con una duplicidad de sexos, dos cabezas, cuatro piernas y cuatro brazos), antecesores de los hombres actuales, poderosos, fuertes e inteligentes. Los dioses se sintieron amenazados por estos superseres, de modo que Zeus, enfurecido, les arrojó un rayo para partirlos en dos. Desde entonces, las mitades separadas anhelan recuperar su unidad, y por ello andan en búsqueda de la "mitad" que las complementa. De esta parábola sacamos la errónea noción de que somos seres incompletos, que si no tenemos a nuestra otra mitad no somos plenos.

Creo humildemente que hemos interpretado mal esta historia. En vez de pensar en buscar mitades de naranjas, prefiero pensarme como una naranja completa en busca de otra. La interpretación tradicional del mito platónico supone que cada persona (o media naranja) está buscando a su otra media naranja: ¡vaya tarea! Pero además desdeña a la persona, al suponer que estar completos no depende de nosotros, sino de hallar a alguien en particular. El dichoso mito está bien arraigado en ambos sexos. Cualquier mujer haría casi cualquier cosa por no escuchar nunca la palabra *quedada*. Pero si te endilgan el adjetivo, estás condenada a una vida de insomnio, alergias, palpitaciones y hasta depresión. ¡Auch!

El otro día oí una plática entre dos personas. Una de ellas era una joven que estaba terminando la carrera de diseño gráfico. En un mal momento de la conversación, su amigo le dijo en broma que estaba "quedada". ¡Nunca lo hubiera hecho! Ardió Troya. Casi hubiera sido mejor que la insultara: aquello de "quedada" le pareció un insulto tremendo, y se enfureció con él. Por otra parte, Soledad, de veintinueve años, está preocupadísima porque no tiene novio y cada día que pasa la acerca más a los treinta, tan temidos por todas las solteras. Ella siente que su vida está en un compás de espera en tanto que llega "el hombre" y se casa; entonces sí empezará su vida. Parece que el matrimonio es una meta y hay que llegar a ella a toda costa. Soledad, como muchas otras mujeres, en vez de buscar una beca para una maestría, estudiar algún idioma, irse de viaje a un lugar remoto, aprovechar este tiempo para conocerse y saber lo que quiere, se pasa la vida concentrándose en lo que "le falta" en vez de en lo mucho que tiene. ¡Auch otra vez!

En las mujeres, la búsqueda de la pareja perfecta tiene otro agravante: el paso del tiempo. La mayoría desea ser madre, y sabemos bien que entre más pasa el tiempo, más crecen las probabilidades de complicaciones en el embarazo. Por eso lo ideal es tener a nuestros hijos a buena edad, para evitar riesgos. La maternidad no es algo que puedas dejar para el futuro, como el trámite de tu retiro; así, la búsqueda de la media naranja, en combinación con el sonido del reloj biológico —tictac, tictac—, es como un coctel molotov que nos hace equivocarnos a la hora de escoger una pareja, algo que, como sabemos, tiene dolorosas consecuencias para todos.

Los hombres también son víctimas del mito de la media naranja, y al igual que las mujeres se preocupan por el matrimonio, aunque la presión sobre ellos es mucho menor. A ellos la palabra *quedado* no los asusta, pero sí les llega una edad en la que pasan de ser "solteros codiciados" a "solteros sospechosos", y eso sí que no les gusta nada. La presión de casarse es diferente; a ellos no les dicen que se quedaron, sino que no han "sentado cabeza". "¿A tu edad, y no has sentado cabeza?" Éstas son las palabras que a ellos les causan insomnio y ojeras. Pero en cuestión de vocabulario salen ganando, porque el término *quedada* tiene una connotación negativa, porque se refiere a una mercancía que nadie quiso, mientras que el *no sentar cabeza* sólo implica una cierta inmadurez, como de alguien que prefiere ir de flor en flor en vez de limitarse a una sola mujer.

Si creen que los divorciados están a salvo del mito porque ya lo intentaron una vez, se equivocan. Para ellos, la búsqueda de la media naranja se llama "rehacer su vida". Ya hiciste tu vida cuando tenías una pareja, y ahora que no tienes, es indispensable que la vuelvas a hacer con otra. Los divorciados vivimos en otro tipo de compás de espera: no cuentan nuestros hijos, el trabajo, nuestras amistades, estudios o logros. El que vivamos una vida productiva y feliz no tiene relevancia: hasta que no encontremos a nuestra media naranja no habremos logrado "rehacer nuestra vida". Sé que es una cuestión de semántica, pero creo que en gran medida estas palabras reflejan el pensamiento colectivo de que hay que vivir en pareja para ser feliz. Tan fácil que sería decir: "¿Y no te has querido volver a casar?". Y listo. El matrimonio es una parte de la vida, no todo.

A pesar de que estoy totalmente de acuerdo sobre los beneficios de vivir en pareja, la obsesión del mundo para que vivamos en pares hace pensar que la relación con uno mismo no tiene valor. La expectativa colectiva es el matrimonio, y si no la cumples, es porque algo extraño ocurre, y algunos te tratan como ciudadano de segunda clase. Ser soltero por decisión personal parece no ser una opción válida.

Me pregunto, pues, qué será preferible: ¿casarse para cumplir el requisito? ¿Estar bien con uno mismo y esperar a encontrar a la que consideres tu pareja perfecta? Mi amiga Joyce se cansó de oír a sus tías, primas y amigas que, aunque bien intencionadas, no perdían oportunidad para preguntarle, con la clásica ceja alzada: "¿Y tú, chiquita? ¿Para cuándo?". No perdonaban ocasión, no había evento familiar en que no le dijeran lo mismo.

Llegó un momento en el que Joyce olvidó cuánto le gustaban su trabajo y su vida, se cansó de esperar a "Mr. Right" y le dio el sí a "Mr. Right Now", un tipo sin muchas cualidades pero más o menos estable que apareció por su vida en ese momento. El altísimo volumen de las voces le impidieron oír a su voz interior decirle que "Mr. Right Now" estaba lejos de ser lo que ella buscaba. Como bien pueden imaginarse, Joyce se divorció al poco tiempo de casarse. Lo triste de todo es que me dijo que de estar en la misma situación de nuevo lo volvería a hacer, porque así al menos ya no escucharía ese: "¿Y tú, chiquita? ¿Para cuándo?" que tanto le molestaba. No tuve el corazón para decirle que no hay manera de ganar esa batalla de darle gusto a la gente. Antes de que se olvide del "¿Y tú, chiquita? ¿Para cuándo?", si no tiene un novio, pronto va a estar oyendo: "¿Y tú, chiquita? ¿Por qué no has querido rehacer tu vida?". Por eso es mejor olvidar el mito de la media naranja, entender que somos naranjas completas, que la felicidad está dentro de nosotros mismos y buscar, pero sólo si eso es lo que queremos, a otra naranja completa.

Casarse por segunda vez tiene algunos retos particulares; en muchos casos la pareja ya no se compone sólo de dos personas, sino que son dos familias que se unen. De estos temas trataremos en capítulos subsecuentes.

¿Queremos o debemos casarnos?

Es imposible ignorar la presión del matrimonio por parte de la sociedad, amigos y familia. Somos seres culturales, vivimos en un ambiente determinado que nos obliga culturalmente a hacer ciertas cosas o comportarnos de tal o cual manera. Una de esas cosas que "debemos" hacer es casarnos. "Debemos tener una pareja" (esto de lo que ya hablamos: si no, no estamos completos; ¡qué necedad!). "Debemos casarnos con nuestra pareja"; "debemos tener hijos con esa pareja". Una lista de "deberías" interminable.

Un "deber" es una obligación. Algo impuesto, inexcusable y forzoso. Algo así como un "tienes que pagar impuestos" y pues sí es una obligación ineludible con terribles consecuencias. Si lo pensamos, tener esa presión por parte de la sociedad, la familia o nuestra propia pareja es un mal inicio.

Está claro: estas presiones son un costal que hay que sacudirnos de encima de los hombros. Es cierto que hay deberes por cumplir en la vida, pero el matrimonio no está ni remotamente en esa lista. No importa la razón o la circunstancia que ejerza presión, uno no se casa "porque es lo correcto", ni "porque estoy embarazada", "para ocultar mi/su orientación sexual" o "porque se me va el tren". Uno se casa porque quiere compartir la vida con una determinada persona, con todo lo bueno y malo que eso conlleva.

Por supuesto que no todos los hombres y las mujeres quieren casarse o vivir en pareja. Si hay una constante estadística a nivel mundial en los últimos treinta años es que el número de matrimonios va a la baja y el de divorcios, a la alza.* Decidir no es cosa fácil. Muchas veces tomamos las decisiones acertadas y otras no. Pero también sabemos que de ambas obtenemos un aprendizaje. Si la decisión que tomamos es "obligada" (y lo entrecomillo porque no estamos hablando de un matrimonio forzado, que es un delito) por la sociedad, nuestros padres o nuestra pareja estamos aceptando ceder nuestra libertad y capacidad para elegir el rumbo que consideramos debe llevar nuestra vida.

Hacer lo correcto

¿Qué es lo correcto? Definitivamente lo único correcto en estos casos es hacer lo que uno siente y quiere, sin presiones de nadie. Andrés se sintió muy presionado para cumplirle a Paula, con la que llevaba más de ocho años de novio. Empezaron a los dieciocho y se casaron a los

---

* Aunque hay que anotar que la tasa de divorcios ha bajado un poco debido a la crisis económica, pues parece que es más fácil sortear la crisis con dos sueldos.

veintiséis. Era un buen noviazgo, se llevaban bien, pero a Andrés no se le veían muchas ganas de casarse. Durante los dos últimos años de la relación, Paula presionó para la boda de mil maneras. Andrés le propuso matrimonio, no tanto porque quisiera casarse, sino porque pensó que era un deber para con Paula después de tantos años juntos. La verdad es que Paula merecía un hombre que en verdad quisiera pasar el resto de su vida con ella, que no era el caso de Andrés. Finalmente Paula encontró a ese hombre, muchos años después, cuando se divorció de Andrés.

"Metimos la pata"

Un hijo es una responsabilidad de por vida; no hay discusión al respecto. Sin embargo, no es una razón para casarse ni para seguir en un mal matrimonio. Hay muchas parejas que ante un embarazo deciden no casarse. Esto no significa que no tengan ambos las mismas responsabilidades para con el hijo. (Por desgracia, muchos padres se sacuden de encima sus obligaciones, pero eso es tema de otro libro.)

Si de manera inesperada un hijo viene en camino, la pareja tiene que cuestionarse qué es lo que quiere hacer: cómo era su relación antes del embarazo y cómo la ven a futuro. Muchos decidirán que el hijo es bienvenido y que quieren formar una familia. Entonces, el matrimonio sería el paso lógico a seguir. En estos casos hay que hacer oídos sordos a lo que dicen los demás y escucharse uno mismo. No faltarán quienes digan que "el embarazo es una trampa para atraparte" o que "el deber del hombre es cumplirte". Si deciden casarse, el hijo no debe ser la razón. Es cierto que viene en camino y que quizá no fue planeado, pero es importante que ambos padres estén conscientes de ello. Nos casamos porque queremos, no porque tengamos que hacerlo porque estamos embarazados. Alguna vez escuché a un hombre decir que no podía perdonarle a su mujer el que se hubiera casado estando encinta, y ésa era su excusa para serle infiel. Craso error: si se casó bajo presiones, cuando no quería hacerlo, no debió haberlo hecho. Punto. Escudarse en ello para ser infiel no es justificación posible, más bien es síntoma de inmadurez.

Embarazarse antes del matrimonio no es una metida de pata; casarnos sólo porque metimos la pata, sí.

¿Salir del clóset o vivir en la mentira?

Aceptar la orientación sexual propia y ajena en pleno siglo XXI sigue siendo difícil. Tenemos todavía muchos tabúes respecto a la homosexualidad, lo cual ha empujado a más de uno a casarse y negar su orientación sexual o seguir una doble vida. Ejemplos sobran: recuerdo el caso del político estadunidense conservador que fue descubierto en un cine con una pareja homosexual. Si miramos a nuestro alrededor, todos conocemos algún matrimonio en el que se rumora que uno de los integrantes, o bien los dos, son homosexuales.

Al final del día, como ya dije, un matrimonio es un acuerdo; si dos adultos homosexuales de diferente sexo, o bien una pareja en donde un integrante es homosexual o bisexual, deciden casarse, entendiendo lo que eso conlleva, nadie tiene nada que objetar al respecto. Si el acuerdo les funciona, bien por ellos. Todo se reduce a personas que se aman, más allá de su orientación. Pero mantener una doble vida y a la pareja en el engaño es un acto cruel y cobarde.

El reloj biológico

> Acordamos casarnos tan pronto ganaras tu primer caso. Entretanto, diez años después, mi sobrina, la hija de mi hermana, va a casarse. Mi reloj biológico está sonando muy fuerte, y por la manera en que va este caso creo que nunca me voy a casar.
>
> MARISA TOMEI en *Mi primo Vinny*

Irma dice:

A los veintitantos años las bodas de mis amigas me llenaban de ilusión, y me alegraba por ellas. Durante esos años, mi trabajo y el novio que tenía en esa época llenaban por completo mi existencia. Conforme me iba acercando a los treinta, la mayoría de mis amigas se habían casado, hasta que un día pasé a ser "la soltera" del grupo. De pronto los galanes dejaron de ser el centro de nuestras conversaciones, brutalmente destronados

49

por pláticas de bebés, carriolas, tratamientos de fertilidad y ropa de embarazo. Estas pláticas me hacían sentir fatal, como que estaba fuera del grupo, porque además yo ya no tenía novio. A pesar de estar contenta en mi vida, me empecé a sentir como que me estaba "atrasando". Ahí fue cuando empecé a oír mi reloj biológico y pensar en asuntos que jamás se me hubieran ocurrido. Su sonido se hizo más fuerte y me hizo replantearme todas las cosas que tenía por ciertas hasta entonces: la importancia de hacer una maestría, la satisfacción que me daba mi trabajo, mi convicción de que es mejor estar sola que con la persona equivocada, etcétera, etcétera.

Todo lo que jamás me había preocupado pasó a ser tema de insomnio. Me obsesionaba la idea de quedarme sola y nunca formar una familia. Empecé a sentir que estaba desperdiciando el tiempo y cada día que pasaba me sentía más sola y, ¡horror!, más vieja. Mi reloj sonaba mil veces más fuerte que las campanadas del Big Ben. Un día se me salieron las lágrimas al ver una carriola en el parque. En ese instante me di cuenta de que algo andaba mal y decidí buscar ayuda profesional.

Lo que le ocurrió a Irma es bastante más común de lo que pensamos. Las vidas de virtualmente todos los seres vivos están gobernadas por una variedad de ritmos biológicos internos. Para muestra basta un botón: cada año, cuando las noches se hacen más cortas, las hojas de los árboles dejan su color verde para pasar del amarillo al rojo y caer de los árboles; los animales emigran buscando sitios más cálidos para reproducirse.

Los seres humanos no somos la excepción. Muchas de las funciones vitales de nuestro organismo son dirigidas por sistemas muy complejos, donde células y otras sustancias "siguen el ritmo" de un preciso reloj. En realidad no es sólo uno: el cuerpo está hecho de un montón de relojes que marcan tiempos distintos, desde los relojes circadianos, que regulan el día a día, hasta el reloj general de la vida, que se para cuando estiramos la pata.

Lo que Irma llama "reloj biológico" es una abreviatura para designar al conjunto de síntomas e indicios que le dicen a una mujer: "Si quieres tener hijos, apúrate, y entre más te esperes, peor". Y sí, así es. Es un hecho que la fertilidad (masculina y femenina) decrece a partir de los treinta años, pero en la mujer, la pérdida de fertilidad es muchísimo mayor que en los hombres. Por eso, ellos no escuchan de la misma manera a su reloj biológico, aunque a la larga lo llegan a oír, y cuando eso sucede la idea de ser solterones empedernidos (cual Mauricio Garcés) pierde el glamour. Pero eso es otro tema.

La mayoría de las mujeres que no tienen hijos empiezan a oír el primer tictac alrededor de los treinta años; en esa época su sonido es suave, pero implacable. Curioso, porque por mucho que lo ignores, su sonido va *in crescendo*. Para los treinta y cinco ya suena bien fuerte; para los cuarenta, se convierte en una pregunta: "¿Seré capaz de tener hijos todavía?".

El verdadero causante de todo este revuelo del reloj biológico no es su sonido, sino lo que ese sonido nos cuestiona. ¿Por qué? Porque el sonido del reloj biológico es generalmente el detonador de muchas preguntas en relación con la maternidad de las mujeres en sus treinta y cuarenta. Se preguntan si quieren o deben tener hijos, y de ser así, por qué y cuándo. Y es peor si por esas fechas siguen solteras, porque a las anteriores se suma la pregunta: "¿Y con quién?".

Si en general el tema de la maternidad es difícil, el sonido del reloj lo hace aún más complicado. Mientras que unas mujeres buscan a la pareja idónea para formar familia y tener hijos, otras, en una relación estable, lo oyen sonar fuertemente, pero no están seguras de si la maternidad es lo que en verdad quieren. Algunas, ciertas de su anhelo maternal, tienen parejas que no están tan convencidas. Unas parejas dudan y otras se afanan por concebir hijos sin lograrlo, y otras más quedan embarazadas sin desearlo.

Definitivamente no es un asunto fácil. Lo que sí sabemos es que gracias a los avances de la ciencia hoy hay mujeres como Madonna y Susan Sarandon que han tenido a sus hijos después de los cuarenta sin problemas, así que es posible tomar las cosas con más calma y sin decisiones apresuradas.

Es crucial no perder de vista que, independientemente del tictac del reloj, ser padres es una responsabilidad de por vida. Porque también hay quienes son inmunes al sonido del reloj biológico y al sentido común, como el caso de una mujer rumana que tuvo un hijo pasados los sesenta años, o el caso del ya fallecido Papuchi, padre del cantante Julio Iglesias, quien murió a los noventa años dejando a su mujer embarazada. ¿En qué estarían pensando? ¿En imponer un récord Guinness o en que sus hijos tuvieran un padre?

Cuando me entero de estas historias, no puedo evitar preguntarme si es válido tener hijos a toda costa. Creo que ser padres responsables implica pensar primero en lo que es mejor para los hijos antes que vivir nuestra fantasía de maternidad. ¿Se vale satisfacer nuestra necesidad de ser madres o padres sin pensar en qué es lo mejor para los hijos? ¿O tener hijos será una necesidad narcisista de las personas? No lo sé; lo que sí sé es que todos nosotros, como padres, hacemos lo mejor que podemos.

Parte de la bronca del reloj biológico es que vivimos en una sociedad en la que el éxito se mide, para los hombres, en logros profesionales, y para las mujeres, en el hecho de formar una familia. Son reglas no escritas, expectativas que están ahí, si bien no para todos, sí para muchos. Para colmo de males, no sólo hay que cumplir esas expectativas, sino cumplirlas a ciertas edades. Tristemente, esto motiva a algunas mujeres a casarse y tener hijos, no porque lo deseen en verdad, sino por "cumplir" con las expectativas de la sociedad. Para ellas el sonido del reloj es aterrador, porque además sienten que están perdiendo oportunidades para "palomear" el requisito que de ellas se espera.

Creo que el meollo del asunto no es el sonido del reloj biológico, sino las decisiones que tomamos basadas en él. Cuando a las mujeres se nos mete en la cabeza que es el momento de buscar una pareja para establecernos y tener hijos, porque pensamos que se nos está yendo el tren, cometemos errores, pues nuestras decisiones se basan en la angustia y no en las ganas de compartir. Uno de los más comunes es, como dice la expresión, traer el traje de novia en la cajuela o buscar marido en vez de novio. Evidentemente esto tiene el efecto opuesto al deseado en los galanes o prospectos, porque lo más común es que el individuo en cuestión, al notar la expectativa, ponga pies en polvorosa.

El resultado obvio de todo esto es una gran ansiedad, y bajo estas circunstancias es fácil que el sonido del reloj biológico te confunda y pierdas de vista las prioridades de tu vida: temas importantes como tu trabajo, relaciones y proyectos. Además, está presente la terrible posibilidad de que bajo presión decidamos tener un hijo cuando no es el momento adecuado o, peor tantito, con la persona equivocada. Fue el caso de Daría, una italiana muy guapa; cuando tenía veinticinco años conoció a un notario que no le gustó nada y de inmediato se lo hizo saber claramente a él y a todos sus amigos: juró que jamás saldría con un tipo tan cuadrado y aburrido. Pasaron los años, y después de varias relaciones sentimentales fallidas, Daría se casó a los treinta y cuatro años; por supuesto, lo hizo con el notario. Sus amigos y familiares nunca se quitaron de la cabeza que el Cupido de esa boda fue el tictac del reloj biológico de Daría. ¿Será? Imposible saberlo de cierto, pero estoy segura de que el tiempo nos lo dirá. Tictac, tictac.

Estudios recientes sobre la fertilidad femenina han demostrado que la preocupación de las mujeres es un tema real. De acuerdo con un estudio del doctor Tom Kelsey, de la Universidad de St. Andrews, en Escocia, a los treinta años una mujer tendrá únicamente doce por ciento de sus óvulos. A los cuarenta años, únicamente tendrá tres por ciento de los dos millones de óvulos que tenía al nacer.* Sin duda, el tiempo impone restricciones a la maternidad, pero no es una razón para contraer matrimonio. Una mujer tiene que evaluar sus deseos de maternidad y si verdaderamente desea casarse con el primer hombre disponible para lograrlo. Puede elegir también la adopción o una inseminación artificial. Lo fundamental es que evalúe con honestidad, más allá de las opciones, las razones y motivaciones por las cuales quiere ser madre.

Algunas películas

- *Blue Valentine* (2010). Dir. Derek Cianfrance, con Michelle Williams y Ryan Gosling. La historia trata de una mujer de clase media que aspira a convertirse en doctora. Sin embargo, al paso del tiempo se embaraza de su novio y decide casarse y formar una familia, dejando de lado sus sueños. Poco a poco, su insatisfacción consume su vida y su relación.
- *Riding in Cars with Boys* (*Los hombres de mi vida*) (2001). Dir. Penny Marshall, con Drew Barrymore, Steve Zahn y Brittany Murphy. Trata la historia de Beverly, una chica inteligente que quiere ser escritora, pero que pasa por una serie de tropiezos como un embarazo adolescente, problemas económicos y drogadicción de su pareja, los cuales la amargan, pues la alejan de su proyecto de vida.
- *The Last Kiss* (*El último beso*) (2006). Dir. Tony Goldwyn, con Zach Braff, Jacinda Barret y Casey Affleck. Refrito de la película italiana del mismo nombre,

---

* bit.ly/9y56pS.

habla acerca de las dudas de un joven acerca de su deber para con su novia embarazada y los problemas que un desliz ocasiona.

- *The Age of Innocence* (*La edad de la inocencia*) (1993). Dir. Martin Scorsese, con Daniel Day-Lewis, Winona Ryder y Michelle Pfeiffer. Basada en la novela de Edith Warton, narra la historia de un abogado neoyorkino que se enamora de una mujer separada de su marido, estando comprometido con su prima, con la que finalmente se casa a pesar de no amarla.
- *Baby Mama* (2008). Dir. Michael McCullers, con Tina Fey y Amy Poehler. Una mujer exitosa decide tener un hijo a toda costa al cumplir treinta y siete años, sólo para descubrir que tiene muy pocas posibilidades de lograrlo, por lo que decide contratar una madre sustituta.

Una lectura

"Are You Ready for Marriage" ("¿Están listos para casarte?"), DrPhil.com. Breve repaso de preguntas fundamentales que hay que plantearse antes de casarse.

El artículo en línea: bit.ly/ew0UMG.

3 Adiós al romanticismo: el matrimonio es un contrato

Expectativas realistas

Aunque escondamos nuestra cursilería y digamos de dientes para fuera que no somos románticos, todos tenemos en mayor o menor medida expectativas sobre las relaciones basadas en cuentos de hadas. Los cuentos y las películas, telenovelas y series han sido en mayor o menor medida culpables, ya que nos narran las vicisitudes del romance y la historia termina en el altar y suponemos que fueron felices para siempre.

Montserrat se casó con Roberto, ambos abogados que trabajaban juntos. Ella dice que sin lugar a dudas su primer año de casados fue el peor de su vida. Nada fue como pensaba que sería. A pesar de sus estudios, ella creía que el matrimonio sería como lo que pintaban en los cuentos o en las películas. "Pensaba que a él le gustaría cualquier cosa que yo hiciera. Jamás se quejaría de que algo no estuviera bien planchado o por cualquier otro tema del hogar. Algo así como un 'y vivieron felices para siempre'. Ahora me parece irrisorio. Eso no existe." Por supuesto que Roberto se quejó de la sopa, del arroz y porque se secaron todas las plantas de la casa, ya que Montse olvidaba regarlas. Jamás se habían puesto de acuerdo acerca sobre cómo dividir las labores domésticas y tenían varias discusiones por ello. Montserrat no podía entender por qué si estaban enamorados y recién casados tenían tantos problemas. Después de un año, pensó en tirar la toalla, pero acudió a una terapia y fue ahí donde aprendió a dimensionar las cosas y tener expectativas fundadas en realidades.

Los tiempos han cambiado y necesitamos cambiar con ellos. Ya dejamos el medievo atrás y debemos olvidar los mitos de princesas que necesitan ser rescatadas y príncipes azules. Las mujeres no necesitamos ser rescatadas, ni ser rescatadoras. Los hombres tampoco. Si queremos tener relaciones de igualdad debemos comportarnos como iguales.

Las mujeres podemos ser muy contradictorias: queremos ganar lo mismo que los varones (cosa que es absolutamente justa), pero también queremos que pasen por nosotras, nos paguen la cena y nos lleven flores. Los hombres, por su parte, aunque no lo acepten, se asustan ante las mujeres exitosas y prefieren seguir en una posición dominante de proveedor. Niegan ser machistas, pero el machismo subsiste, como bien explica Marina Castañeda en su libro *El machismo invisible regresa* (Taurus, 2007).

Vivimos épocas de cambio y tenemos que dejar atrás los viejos patrones que ya no se adaptan a la realidad en que vivimos.

Disney vs. *el neofeminismo*

"Me queda claro que las mujeres debemos demandar a Walt Disney", dijo mi amiga Marcela un día. ¿Tanto así, y por qué? "Porque nos hicieron creer en el mito del príncipe azul y los finales felices."

No pienso llegar a tales extremos, pero creo que Marcela tiene razón. Yo, como tantas otras niñas, crecí leyendo cuentos de hadas y me ilusioné con las películas. En casi todas las cintas de Walt Disney había una heroína que se enamoraba a primera vista de su príncipe azul. Él no podía ser más noble y más generoso: la protegía, la rescataba de las malas madrastras y de las brujas malvadas. Al final se casaban y, desde luego, eran felices "por siempre jamás". Bueno, la vida me ha enseñado que los cuentos de hadas son para las hadas y que en la vida real no suceden las cosas así. A Disney, simplemente, se le olvidó contarnos qué pasó con todas esas princesas, qué hicieron cuando sus maravillosas relaciones entraron en crisis. Nunca supimos si tuvieron problemas con hijos adolescentes, si sus maridos perdieron el trabajo, si pasaron dificultades económicas, si alguien en su familia enfermó, si la suegra se entrometía en la relación, si el príncipe se aficionó a la bebida. Nada. Sólo nos dijeron que vivieron felices para siempre. Y, en parte, nos lo creímos. Después de todo, creo que sí vamos por el abogado, Marcela...

El daño fue grande. Lo bueno es que los tiempos cambian y las mujeres también. Cada vez son más escasas las que, en espera de encontrar al famoso príncipe, detienen literalmente sus vidas en un compás de espera y se dedican a carreras y trabajos MMC (mientras-me-caso). Todavía las hay pero, bueno, son una especie en vías de extinción. Y no es que tenga yo nada en contra del matrimonio. Por el contrario, creo que es maravilloso vivir en una sana relación de pareja. Pero me entristece ver, todavía en estos tiempos, a mujeres que sienten que no están completas hasta que se casen. Y, peor aún, a las que se casan por casarse, a las que se agarran del primero que pasa para que no se "les vaya el tren" en vez de esperar a conocer al hombre que verdaderamente las complemente. De cualquier manera, ya casi nadie se traga eso de que casarse es la solución a todos los problemas y de que la pareja vivirá feliz por siempre jamás. Los cuentos de hadas cada vez son menos creíbles.

Ha llegado el momento, eso sí, de empezar a ver otros cuentos. No cuentos de hadas, sino cuentos de mujeres. Los de las de este milenio. Cuentos verdaderos del neofeminismo. Las mujeres de hoy hemos aprendido las lecciones que nos dejaron las feministas de los años sesenta corregidas y aumentadas para entrar en otra realidad. Ahora sabemos que se puede ser una profesionista, además de madre, esposa, verse muy bien y tener una casa bien puesta. Aprendimos poco a poco a ganar un espacio en el mundo de los hombres sin perder los valores tradicionales ni la feminidad.

Pero en los cuentos de mujeres también hay heroínas de carne y hueso: princesas de hierro del nuevo milenio que ya dejaron atrás las ruecas, las carrozas de calabaza, los zapatitos de cristal y que ya no necesitan ser rescatadas por príncipes porque han aprendido a rescatarse ellas mismas. Están por todos lados estas princesas: son mujeres que, más bien, han sacado de problemas a sus príncipes, han luchado contra los convencionalismos sociales, han conseguido trabajos importantes en el mundo de los hombres. Algunas son madres solteras que sostienen enteramente sus hogares, educan sin problemas a sus hijos y hasta se dan tiempo para tomar café con sus amigas y oír sus penas. Ya aprendieron que se pueden mantener, que son capaces de trabajar y atender a sus hijos sin tener que sacrificar su feminidad ni sus metas. Muchas han pasado el trago amargo de un divorcio, la soledad tras una ruptura. Pero han aprendido de sus errores y no los vuelven a cometer.

O sea que ya no se pasan la vida esperando a que vengan sus príncipes azules a rescatarlas ni mucho menos a darle sentido a su existencia. Saben que pueden tener vidas maravillosas, plenas y divertidas sin el príncipe azul y le echan todas las ganas a su proyecto de vida. Y saben también que una versión moderna y actualizada del príncipe, si ellas quieren, se aparecerá en el momento adecuado, ni antes ni después. Superaron ya el mito de "se quedó para vestir santos". Es más, les tengo un notición: las princesas neofeministas de hoy ya no quieren a un príncipe azul, ni les interesa ser rescatadas en el brioso corcel. ¡Cómo!, ¿ya no hay cuentos de hadas? No, ya no, así como lo oyen. Lo que están buscando las princesas de hoy es hacer equipo con un hombre de carne y hueso para compartir la vida y llegar a la meta juntos, un compañero a quien ellas van a ayudar a que alcance sus objetivos y que, a su vez, les dará su apoyo para alcanzar los de ellas. No van a "vivir felices para siempre" sino a vivir, simplemente, con todas sus implicaciones, con los miles de problemas de la pareja, a los que hay que encontrarles solución, con el reto de establecer diálogos y comunicarse.

Pero también les tengo una buena noticia a los hombres: en cuanto se esfuma el mito del príncipe azul, se les quita un gran peso de encima... Ya no tienen que ser perfectos, ni reproducciones vivientes de caballeros andantes, ni proveedores universales obligados a salvar a damiselas en apuros. Ahora se encuentran también con mujeres de carne y hueso que los van a oír, que van a entender sus debilidades y sus broncas en el trabajo y que, encima de todo, no sólo les van a educar a sus hijos, sino hasta a ayudar con el gasto de la casa. Mujeres sensatas que, llegada la hora del sagrado futbol dominical, no les van a armar un rollo, sino que se irán con sus amigas a hacer algo que les parezca más divertido. A cambio, les pedirán respeto y, a veces también, que sepan dar biberones y cambiar pañales.

Muy bien, pero ¿y los cuentos de hadas? Bueno, la multinacional Disney podría ocuparse de otras fábulas más modernas, más reales. Hay muchas heroínas contemporáneas. Una de mis favoritas es Daw Aung San Suu Kyi, una mujer que simboliza la lucha del pueblo de Birmania (hoy Myanmar) por la democracia, ganadora del premio Nobel de la Paz en 1991. Por el bien de las niñas de hoy, a ver si los guionistas dejan en paz a las indefensas princesas del pasado y comienzan a contarnos historias de mujeres de verdad.*

* Una primera versión de esta sección se publicó en *Milenio Diario*, en noviembre de 2004.

Peligros de los cuentos de hadas

Los cuentos de hadas no suelen ser tan inocentes como parecen. Detrás de esos entrañables personajes hay historias un tanto truculentas. Recordemos que fueron los padres de Hansel y Gretel quienes los abandonaron en el bosque, ¡dos veces! El asesino del rey Mufasa fue su propio hermano, Scar, y no satisfecho con su crimen, sus ansias de poder lo llevaron a tratar de matar a su sobrino Simba. Pero, en particular, las princesas de los cuentos de hadas (en su mayoría adaptados y llevados a la pantalla por Disney) están llenas de mensajes anacrónicos, sexistas o machistas:

- Todos los habitantes de la aldea de Bella, en *La Bella y la Bestia*, la consideran muy rara porque le gustan los libros.
- Ariel, en *La sirenita*, deja a su familia, su lugar de origen, su misma condición de sirena y sacrifica su voz para estar con el hombre amado. ¿Su recompensa? Hans Cristian Andersen la convierte en espuma de mar cuando su príncipe amado se enamora de otra mujer. Disney la salva para que termine junto a su amado príncipe, pero ya no como sirena, sino con cuerpo humano.
- Cenicienta, Blanca Nieves y Rapunzel son incapaces de resolver por sí mismas sus problemas: un príncipe tiene que hacerlo por ellas.
- La princesa Jazmín es también una dama en apuros: Aladino viene a su rescate.
- La princesa Aurora, en *La bella durmiente*, no tiene salvación: vive dormida hasta que un hombre (el príncipe encantador) se enamore de ella.
- Las princesas no trabajan; su condición cambia debido a que sus príncipes se enamoran de ellas por su belleza.
- Cenicienta y Blanca Nieves tienen unas madrastras terribles. A la primera la tienen en harapos, trabajando sin descanso. La de Blanca Nieves paga a un cazador para que la asesine. Tenemos arraigado el mito de la "madrastra terrible"; por ello lo usamos como sinónimo de maltrato: "pareces mi madrastra" solemos decir ante comentarios incómodos. Considerando el aumento en el número de divorcios, el mito de la madrastra malvada complica las cosas, pues cada vez es más común que los niños convivan con madrastras, padrastros, hermanastros o hermanastras, que en la inmensa mayoría de los casos, por fortuna, no tienen que ver con los de los

cuentos de hadas, yo tengo madrastra y hermanastros, y son encantadores y nos llevamos muy bien.

· Ojo: al señalar estas fallas no quiero exigir que se prohíba este tipo de cuentos o películas, sino plantear que, junto con el resto de la información que reciben los menores, tienen que ponerse en contexto para que los niños entiendan que los cuentos de hadas son sólo eso: cuentos.

No todos (ni todas) son iguales

Creer en fantasías y tener idealizado el amor nos causa muchos problemas. Además de pensar que somos como princesas de cuento que necesitamos ser rescatadas, esa venda en los ojos nos impide ver la realidad. Idealizamos (en especial las mujeres) a nuestras parejas y en vez de aceptarlas como son, nos las imaginamos de tal o cual manera y fantaseamos con un idílico romance de cuentos de hadas que, bien sabemos, no existe. El poder ver, entender y aceptar a nuestra pareja tal y como es o darnos cuenta de que la relación no es ni será como pensamos nos ahorrará muchos dolores de cabeza. Margarita, una mujer muy inteligente, me dijo una vez que es importante tener en cuenta los defectos del otro y saber si podemos vivir con ellos. Enamorarse de las cualidades es fácil; el vivir con los defectos no lo es y además, un solo defecto con el que no podamos vivir puede opacar todas las maravillosas virtudes.

La quiero para madre de mis hijos

El otro día, un amigo nos mostró algunas fotografías que había realizado para cierta actriz. Elba y yo le preguntamos si le parecía guapa a lo que respondió: "Cómo no. Eso sí, no es la clásica que le presentaría a mis papás o sería la madre de mis hijos, para nada, pero por supuesto que saldría con ella un jueves en la noche".

Es curioso. No es la primera vez que oigo la frase de la boca de un hombre; sin embargo, es raro escucharla de una mujer. Parece ser que ellos tienen más claro qué tipo de relación quieren establecer con una chica y menos problemas para expresarlo que nosotras. Saben perfectamente que hay algunas que serán sólo para salir una noche de jueves (o varias); otras están en la categoría de "presentar a sus papás". Unas pocas se llevan el calificativo de "la quiero para madre de mis hijos". Cada una está en un "cajón mental"; explican con claridad lo que desean con cada una de esas mujeres, sin engañarse. En definitiva, no le van a presentar a sus papás a la chica que sólo quieren para salir los jueves en la noche. Probablemente, tampoco la van a tratar igual que a la mujer que eligieron para que sea madre de sus hijos.

A nosotras se nos complica más el asunto. Son pocas las mujeres que admiten que a un galán lo quieren únicamente para los jueves en la noche y a otro para marido o padre de sus hijos. Por lo general, nos es difícil separar las cosas y ponemos todo en el mismo cajón mental, lo que nos ha ocasionado dolores de cabeza más de una vez. Las mujeres solemos buscar cualidades de marido o de padre de nuestros hijos en el hombre con el que estamos saliendo, sin ver que no todos pueden (o quieren) estar en esa clasificación. Nuestra tendencia a idealizar nos dificulta aceptar que hay relaciones que no van a llegar a alguna parte fuera de ese jueves por la noche.

Pregunté a varios hombres si era posible cambiar de categoría. Es decir, si la mujer que en un inicio tenía cara de "sólo para el jueves en la noche" podía pasar (después de varios jueves) a la categoría de "madre de mis hijos". Negación contundente. Hay mujeres con las que sólo quieren tener sexo y por bueno que sea, no quieren que la relación vaya más allá. Saben que terminará algún día, que simplemente es algo pasajero, sin formalidades.

Esa categórica negativa tiene sus excepciones: hemos visto algunos casos de hombres muy serios que se acaban enamorando y casando con la chica de la que, en un principio, habían dicho que jamás le presentarían a sus papás. Eso sí, estas historias no son tan frecuentes y tienen sus complicaciones. Mientras que el enamorado galán olvidó el cajón mental en que la puso al inicio, los demás no olvidan tan fácilmente. Los rumores e historias de que la esposa de Fulano trabajaba como conejita de Playboy persisten en versiones corregidas y aumentadas con el paso de los años.

Algunas veces la atracción es recíproca, otras no. Toma poco tiempo saber si hay interés romántico en alguien. Después de una o dos citas sabes si queda en el cajón mental de "sólo amigos" o "es un tipazo pero no es para mí" o si quieres seguir saliendo con él y puede haber algo más. El reconocer la atracción no representa mayor problema; el saber qué tipo de relación podemos tener con esa persona que nos atrae es más complicado y toma más tiempo.

El problema, como siempre, es la falta de claridad. Si los dos están de acuerdo en que es una relación casual, aunque duela cuando termine, nadie sale lastimado porque no hay engaños. Cuando no somos claros, ya sea porque hay una gran confusión o porque nos parece más cómodo no definir la situación, es cuando lastimamos innecesariamente a los otros.

Mayra tenía un novio que residía en otro estado, pero se veían a menudo, ya que él viajaba mucho por razones de trabajo. Un buen día ella lo invitó a un evento con bastante anticipación para que él pudiera planear sus viajes. El susodicho respondió: "No puedo verte nena, ese fin de semana me caso". Mayra no podía creer lo que escuchaba; pensó que era una broma de mal gusto. No, nada de broma, era bien en serio. Ante los reclamos de Mayra, él le dijo que ella debería haber sabido que la relación no iba en serio. Probablemente sí estaban todas las señales de que para él no estaba en el cajón de "madre de mis hijos", pero definitivamente no lo dijo y ella no las advirtió.

Por dolorosa que sea la verdad, lo es menos que las mentiras. No es fácil ni agradable escuchar que la persona con la que quieres salir tiene otro compromiso o sólo quiere algo pasajero; tampoco es fácil decirlo. Por incómodo que sea, es siempre mejor conocer el terreno que pisas para tener opciones y decidir si a pesar de la situación quieres algo con esa persona o prefieres seguir tu camino.

¿Cuáles son tus no negociables?

El amor es ciego, es cierto, pero con el tiempo y algo de madurez sabemos que hay cosas que verdaderamente no queremos en una pareja. Cada uno tiene unos mínimos de lo que espera en una relación. Varían de persona en persona y, bueno, también van cambiando conforme crecemos y maduramos. Lo que nos parecía indispensable o impensable a los quince años, a los treinta toma otro matiz y con seguridad lo que queremos hoy no será lo que querremos cuando estemos en la tercera edad. Hay que tener cuidado. Una cosa es decir que no saldríamos con alguien greñudo y otra cuando conocemos a Johnny Depp y caemos enamoradas de sus greñas. Como bien dice el refrán: más pronto cae un hablador que un cojo y muchas veces acabamos junto a alguien con quien nunca hubiéramos imaginado estar. Muchas de las condiciones que ponemos no son realmente importantes para nosotros, sino aprendidas de amigos, familia, en fin, del círculo de mayor influencia para cada quien, lo que hace que el proceso de encontrar pareja sea mucho más complicado. Los no negociables son temas de profundidad. Algo que percibimos como un impedimento para entrar en una relación.

Clara, una amiga treintañera, cuando le van a presentar a alguien, pregunta si vive con sus papás (cosa que jamás hubiera preguntado en sus veintes). Clara ya salió con dos galanes casi cuarentones que por diversas razones vivían en casa de sus papás. Las dos relaciones fracasaron. El que vivan en la casa paterna, de acuerdo con las teorías de Clara, habla de falta de autonomía e independencia; de no querer tener sus propios espacios y responsabilizarse de éstos. Piensa que es un signo de inmadurez y un indicio de "compromisofobia", ya que prefiere seguir siendo hijo de mamá y papá que ser un hombre independiente.

Así como para Clara el que un hombre mayorcito siga viviendo en casa de sus papás es un impedimento para salir con él, para Martha lo es el que hable pestes de su exesposa o sea un desobligado con sus hijos.

Cada quien tiene sus no negociables. Para algunos será el tema de la generosidad y no podrían salir jamás con alguien que sea tacaño. Para otros será el tema de valores, religión, etcétera. No importa cuál sea tu no negociable ni por qué. Lo importante es respetarlo y actuar con los pies en la tierra. Si sales con una persona traicionando tus no negociables probablemente la relación no tenga buenos resultados. El engañarse y creer que las cosas cambiarán, que el amor hace que todo se soporte, es algo que no tendrá buen fin; lo mejor es dejar atrás los cuentos de hadas y correr a buscar ayuda profesional.

Focos rojos

Imagina que estás conociendo una fábrica, recorriendo sus diferentes secciones; de pronto suena una alarma y se encienden luces rojas intermitentes. De inmediato sabes que hay algo mal y que estás en peligro. Buscas las flechas que indican la ruta de evacuación y abandonas el edificio lo antes posible. En ese momento lo importante es ponerte a salvo. No te detienes a preguntar si es un simulacro o una falsa alarma. Sales corriendo y punto; no hay consideración que valga. Puede tratarse de un error, de un simulacro o de otra cosa, pero la evaluación puede esperar a que hayas puesto a buen recaudo tu valioso pellejo.

Al igual que las fábricas, las relaciones interpersonales vienen equipadas con señales de alarma. Estos focos rojos nos dicen que determinada característica de la otra persona puede lastimarnos o hacer que la relación sea imposible e intolerable. Pero a diferencia de lo que haríamos en la fábrica, es común que decidamos ignorarlos o, lo que es peor, a veces hasta justificarlos.

Las señales aparecen muy temprano en cualquier tipo de relación, sea de amistad, amorosa o de trabajo. Sabemos que la gente no cambia y que en esencia es la misma en todas las situaciones de su vida. Si alguien es muy codo, difícilmente será generoso con su tiempo y sus sentimientos. Si sabemos que nuestro amigo Fulano es mentiroso, de seguro que alguna vez nos mentirá también. Si conocemos a alguien muy impuntual, sabremos que lo mismo llegará tarde a la junta diaria que a nuestra boda. En cuestiones de negocios es la misma historia. Si alguien es deshonesto, lo será en todos sus negocios y con certeza también en sus relaciones personales. Una adicción es señal suficiente de que habrá problemas. Una persona explosiva, de muy mal carácter, dará indicios de ello desde el inicio de la relación. Pero pensamos que sólo es así con los demás y muchas veces no queremos ver que su defecto también puede afectarnos.

Mi amiga Dolores decidió un buen día terminar con su galán, por tacaño. Su decisión nos tomó por sorpresa, no tanto porque el galán fuera codo, sino por el hecho de que a ella le molestara su mezquindad sólo después de años de salir juntos. Había sido así desde el principio. A pesar de ser un hombre con muy buen puesto y evidentemente adinerado, el tipo jamás la invitaba a un buen restaurante. Casi nunca salían a eventos que no fueran patrocinados por la empresa o bien, a una cena, boda, bautizo que no pagara él. Cuando platicaba sobre sus viajes, nos contaba historias de cómo se había robado los jabones del hotel, o cómo había conseguido gratis tal cosa. Hasta nos contó orgulloso que se mandó hacer unas tarjetas de presentación como si fuera dueño de una agencia de viajes para conseguir descuentos (además de tacaño, medio estafador). Su tacañería no era novedad para nadie; todos se la conocían. Pero Lola prefirió ignorarla hasta que un buen día él la dejó con una cuenta en un restaurante. Lola estalló y lo mandó a freír espárragos. Cuando le preguntamos a Lola si no se había dado cuenta antes de este defecto, ella dijo que no, que nunca lo hubiera creído capaz de tal cosa. ¿De verdad? ¡Si se veía desde un helicóptero, Lola!

Las señales de alarma suelen ser evidentes. Se ven, se oyen, pero muchas veces optamos por no oírlas ni verlas. Nuestros amigos y familiares por supuesto que las ven y saben que podemos salir lastimados, pero nosotros nos cegamos por el amor que sentimos por alguien o por las expectativas que tenemos en torno a la relación; por eso nos hacemos los tontos, fingiendo como que los focos rojos no nos atañen. Sobra decir que el precio que habremos de pagar por nuestra ceguera es muy alto.

Si bien es cierto que en cuestiones de negocios tal vez seamos lo suficientemente precavidos para no hacer sociedad con un Fulano que le robó a su socio anterior, en cuestiones de amor la razón se nos obnubila. Ya sabemos que la gente no cambia, y sobre todo si se lo pedimos (a veces ocurre, pero porque quieren), pero aun con esta certeza, no vemos claro. Si conocemos a un galán en una fiesta y nos platica de cómo le puso los cuernos a la novia anterior y a todas antes que ella, no debería sorprendernos que si optamos por salir con él pronto necesitemos un andamio para sostener la cornamenta de vikingo. Pero de manera inaudita, en vez de comprarnos unos tenis y salir corriendo cual Julia Roberts en la película *Runaway Bride* para el otro lado, decidimos creer que el susodicho puede cambiar. Que con nosotras será diferente; igual y hasta justificamos su conducta anterior diciendo que fue culpa de las otras mujeres, que no supieron entenderlo. Total, que preferimos ignorar la gravedad del problema hasta que un día nos toca percatarnos de las astas.

Cuando optamos por ignorar los focos rojos, estamos eligiendo no ponernos a salvo, y claro que esta acción tiene consecuencias. Las razones por las que cada uno lo hace son diversas. Tal vez el punto no sería por qué lo hacemos, sino preguntarnos hasta cuándo seguiremos haciéndolo.*

Si quieres ir a París, no compres boleto a Río

> La filosofía del vagabundo se apoya en la no necesidad de nada y el buen talante de aceptarla sin queja alguna.
>
> Camilo José Cela

"Conócete a ti mismo" dice el famoso aforismo atribuido al oráculo griego. Se dice fácil, pero el conocernos a nosotros mismos, vernos tal cual somos, no lo es. Por lo mismo, muchas veces hacemos cosas que en vez de acercarnos a lo que queremos, nos alejan de nuestros objetivos. Nos cuesta ver con claridad la situación en la que nos encontramos y a las personas que nos rodean. Esto frecuentemente ocasiona tremendos dolores de cabeza en las relaciones. Si, por ejemplo, lo que quieres en una relación es seguridad económica, pues no salgas con un bohemio cuya última preocupación en la existencia es el dinero. Si lo que quieres es una persona que sea fiel y comprometida, no salgas con un reconocido mujeriego. Si para ti lo importante es pasar mucho tiempo con tu pareja, entonces busca a una persona cuyo trabajo no sea muy demandante. El problema es que hacemos justo lo contrario. Tengo una amiga que suele decir: "Si quieres ir a París, no compres un boleto a Río". A la sabia frase agregaría: "Y una vez que compraste el boleto a Río, disfrútalo y no le pidas que sea París". Así como no se puede estar en dos lugares a la vez, no puedes pedir a una persona que haga dos cosas opuestas al mismo tiempo. Si querías una persona que pasara mucho tiempo contigo, entonces no te quejes de que no sea muy trabajador o de que no tenga mucho dinero.

Paradójicamente criticamos eso que nos atrajo. Si nos enamoramos de alguien exitoso y trabajador, después reclamamos que no

* Una primera versión de esta sección se publicó en *Milenio Diario*, el 20 de mayo de 2007.

pasa suficiente tiempo con nosotras; pero si trabajara menos entonces quizá la admiración que sentimos desaparecería y detrás de ella, el amor. Si lo que nos gusta de una persona es su pasión por los detalles, no se vale criticar por falta de espontaneidad y desesperarnos porque organizar una cena de amigos sea una cuestión que requiere planeación estratégica.

Las relaciones no son estáticas; evolucionan. Sabemos que después de un tiempo ya no sentimos mariposas en el estómago cuando vemos al ser amado. Esto no quiere decir que el amor terminó; simplemente significa que la relación evolucionó a otra etapa. De alguna manera puede compararse a una escalera de caracol. Algunas veces subimos escalones y otras bajamos. Todas las relaciones, por buenas que sean, pasan por baches. El que haya baches no es importante; lo verdaderamente fundamental es que al ver la relación con un poco de distancia, el balance sea positivo y estemos un poco más arriba en la escalera de caracol que cuando empezamos.

Otro buen termómetro para medir la calidad de una relación —que a veces preferimos ignorar— es nuestro sentir interno. ¿Cómo nos sentimos con esta persona? ¿Nos sentimos especiales, apoyados, tranquilos, seguros? Señal de que las cosas van muy bien. Si por el contrario, la respuesta es inseguros, juzgados, nerviosos o criticados, puede ser que la relación no va en la dirección correcta.

Cuando Rubén conoció a Marcela ambos se habían divorciado después de varios años de matrimonio. El flechazo fue instantáneo. Ha pasado ya una década. Siguen juntos, felices y enamorados. De acuerdo con Rubén, el secreto está en que se aceptan tal y como son. Ninguno trata de cambiar al otro. "Es tan maravilloso que te acepten tal cual eres, con todo lo que te hace ser tú mismo."

Parece un consejo extremadamente fácil de seguir, pero en realidad es muy común que tratemos de cambiar a nuestra pareja o que simplemente no la aceptemos como es y nos pasemos reprochando cosas que están fuera de su control, que no quiere o puede cambiar. Compramos boleto a Río y le pedimos que sea París.

El intentar cambiar a una persona no funciona. El amor es sin "peros". No se puede condicionar el cariño a ciertos cambios. Las frases que implican una condición para que se dé un resultado, "Si fueras más detallista/puntual/cariñoso, yo te querría", tienen que ver más con el control que con el amor. El querer cambiar a la persona "amada" es un claro indicio de que nosotros somos los que tenemos un problema y los que debemos ir a terapia. Cuando sólo encontramos "peros", es mejor dejar la relación y buscar a otra persona que sea como esperamos.

Ricky Martin me dijo en una entrevista que el reconocimiento más grande que puede recibir un ser humano es el aceptarse a sí mismo. Cuánta verdad hay en sus palabras. Supongo que lo mismo puede aplicarse a los demás: el reconocimiento más grande que podemos darles, es aceptarlos tal cual son sin tratar de cambiarlos.*

Relaciones abusivas, devaluatorias y codependientes

No existe tal cosa como una relación perfecta. Todas tienen sus altas o bajas. Lo que sí es cierto es que hay relaciones que podríamos llamar constructivas, aquellas que te hacen crecer; otras nos devalúan, nos hacen sentir mal, son tóxicas o violentas. Las relaciones tóxicas lejos de producir paz, causan angustia y tristeza.

Una persona con una sana autoestima, que se conoce a sí misma, ama a su pareja, pero no deja de amarse a sí misma. Cuando la relación o la otra persona es más importante que tú mismo, es un signo inequívoco de que algo no esta bien.

Síntomas de una relación tóxica**

- Comentarios sarcásticos, maliciosos o insidiosos, chismes.
- Encuentra defectos en todo lo que haces (cómo te vistes, higiene, tamaño, amigos, etcétera).
- No considera tus opiniones o pensamientos.
- Es sobredemandante: nada de lo que haces es suficientemente bueno.
- Comentarios desagradables y descalificaciones sutiles.
- Celos.

---

* Una primera versión de esta sección se publicó en *Milenio Diario,* el 8 de enero de 2012.

** Véase bit.ly/2uQkW.

- Necesita atención: todo gira en torno a él/ella y no se toma tiempo para escucharte.
- Se burla de tus ideas, especialmente frente a otros.
- Te culpa por sus problemas en vez de responsabilizarse de sus elecciones.
- Se queja de su vida y pone sus frustraciones en ti.

El punto clave es que terminas sintiéndote mal, devaluado. Muchas veces pasamos por alto una broma o un comentario molesto de nuestra pareja. Lo achacamos a que pudo tener un mal día, o que estaba de mal humor. Cuidado. El Programa Institucional de Gestión con Perspectiva de Género del Instituto Politécnico Nacional de México tiene un "violentómetro" para medir la violencia en las relaciones, que califica en escala progresiva desde una broma hiriente o la ley del hielo hasta agresiones físicas y la muerte. Lo puedes consultar en línea, aquí: bit. ly/LkartQ. Es importante aprender a poner un alto en cuanto empieza la violencia, ya que ésta va en escalada.

El concepto de codependencia originalmente se utilizó para definir relaciones en donde una persona tiene problemas de abuso de alcohol y drogas y su pareja trata, a toda costa, de salvarla de las adicciones. Hay otras razones que pueden detonar la codependencia tales como el que una persona no tenga demasiado interés en la relación y querer salvar la relación a pesar del otro.

Los expertos dan tres preguntas básicas para saber si tu relación es codependiente:

Pregunta 1: ¿Es la relación más importante para mí que yo mismo?

Pregunta 2: ¿Cuál es el precio que estoy pagando por estar con esta persona?

Pregunta 3: ¿Soy la única que está poniendo energía en esta relación?*

* Véanse bit.ly/duHmK6 y bit.ly/hoqXSm.

El que una relación sea codependiente no significa que necesariamente deba terminar, pero sí es indispensable buscar ayuda profesional. Cuando piensas que ya ha sido demasiado, es el momento para dar un giro y cambiar las cosas.

Melody Beattie, autora de libros de codependencia, dice: "A fin de cuentas, los demás hacen lo que quieren hacer. El hecho de que ellos no tengan razón y nosotros sí, no importa. Tampoco importa que se estén lastimando a sí mismos. No importa el hecho de que nosotros podríamos ayudarles si nos escucharan y si colaboraran con nosotros. NO IMPORTA. La única persona a la que puedes o podrás cambiar es a ti mismo. La única persona a quien te corresponde controlar eres tú".

En la segunda unión: más realismo

Dicen que casarse por segunda vez es el triunfo del amor sobre la experiencia. A pesar de que en teoría una persona que se vuelve a casar debería estar más consciente del compromiso que representa la unión marital y de lo que espera de ella, esto no siempre sucede. Prueba de ello es que muchos matrimonios que constituyen las segundas nupcias de uno de los cónyuges o de ambos también terminan en divorcio. La comunicación sigue siendo el pilar fundamental en los matrimonios "de segunda vuelta", al igual que lo fue en la primera unión. Hay que hablar acerca de lo que esperamos, la división de tareas, las responsabilidades, los hijos, etcétera.

De la misma forma en que se deben dejar de lado las expectativas falsas cuando uno se casa por primera vez, es importante hablar sobre lo que esperamos y cómo visualizamos nuestra nueva vida. Si bien es cierto que es el segundo matrimonio de uno de los integrantes de la pareja o de ambos, también lo es que ésta es la primera unión de uno con el otro, así que por esa parte es algo totalmente nuevo para los dos.

Además de integrarse como pareja, hay que integrar a las familias, y en su caso, a los hijos del otro. Esos adorables niños se convertirán un día en adolescentes y adultos; posiblemente tendrán problemas en la escuela o podrán padecer abuso de alcohol o drogas, embarazos no deseados, etcétera. El pensar que los problemas de los hijos de tu pareja son exclusivamente de su incumbencia es un error. Además de golpearlo en el aspecto económico, lo afectarán anímicamente y necesitará de tu apoyo y comprensión; y por supuesto que incidirán en la relación. Si enferman habrá que cancelar o modificar viajes o planes, reorganizar el dinero, etcétera. Si tú tienes hijos de un matrimonio anterior, quizá te sea más fácil entender a tu compañero; si no, es importante saber que el cariño hacia los hijos y hacia el cónyuge son diferentes, que no están en competencia y que tu pareja necesita tu apoyo.

En el capítulo siguiente hablaremos más sobre los hijos, incluidos los del matrimonio anterior.

Algunas lecturas

- Don Miguel Ruiz, *La maestría del amor. Una guía práctica para el arte de las relaciones*, Urano, 2001. El autor del libro *Los cuatro acuerdos* nos lleva a entender una de las verdades más profundas: somos responsables de nuestra propia felicidad y no podemos amar a nadie si no nos amamos a nosotros mismos.
- Melody Beattie, *Ya no seas codependiente. Cómo dejar de controlar a los demás y empezar a ocuparse de uno mismo*, Patria, 2003. La autora explica cómo reconocer y dejar atrás las conductas negativas asociadas con el comportamiento codependiente y evitar una relación enferma con seres queridos que tienen adicciones u otros problemas.
- Jorge Bucay, *El camino del encuentro*, 3ª ed., Océano, 2010. En el segundo volumen de su serie *Hojas de ruta*, el psicoterapeuta Jorge Bucay habla de cómo amar y cómo ayudar a los demás como parte del camino de la vida.
- Walter Riso, *Los límites del amor. Hasta dónde amarte sin renunciar a lo que soy*, Océano, 2012. Desde el enfoque de la terapia cognitiva, Walter Riso critica las formas de amar que se sustentan en el sacrificio y la codependencia, y propone la dignidad personal y el establecimiento previo de límites como la base para un amor más sano y verdadero.

4 Nuestros retoños

¿Queremos tener hijos?

La mayoría de las parejas quiere tener hijos. Casi siempre la respuesta a esta pregunta será sí. Sin embargo, hay personas a quienes la idea de tener hijos no les resulta atractiva. Esto no es ni bueno ni malo, simplemente es; si alguien ya ha tomado la decisión de no tener hijos, cuanto antes se lo comunique a su pareja, mejor. En este supuesto, lo ideal es toparse con otra persona que tenga la misma determinación.

Si bien es cierto que quien jamás ha intentado tener hijos tal vez ignore si tiene problemas de fertilidad, también es posible que sí lo sepa y en ese caso deberá decírselo a su pareja. De muy joven, Ricardo tuvo problemas de salud y como resultado de un procedimiento médico deficiente quedó estéril. Solamente podría ser padre con el método *in vitro*. Así se lo informó a su pareja, quien aceptó casarse con él y someterse a los tratamientos requeridos. Aunque resultan muy caros, ambos acordaron que era un gasto prioritario y ahorraron para eso. Por fortuna, después de tres intentos tuvieron a su pequeña y son muy felices.

La pregunta planteada al inicio es en especial relevante cuanto uno de los integrantes de la pareja ya ha estado casado y tiene hijos. Quizá desee casarse de nuevo, pero no así volver a procrear, pues teme lastimar a sus pequeños. Cuando alguien ya tomó este tipo de decisión y no es negociable, es necesario que el otro la acepte. El entrar en un matrimonio pensando que con el tiempo él o ella cambie de opinión y que nos saldremos con la nuestra, es construir castillos en el aire y puede resultar muy peligroso. Si decidimos aventarnos con la esperanza de que cambie de parecer, hay que informárselo para llegar a un acuerdo. Pedro, quien tenía cuatro retoños de su anterior matrimonio, salía con

Diana, divorciada pero sin hijos. El tema de la descendencia resultó un problema muy pronto en la relación. En un inicio, Pedro dudaba si quería tener más hijos; no obstante con el tiempo decidió que era un rotundo no. Diana le agradeció la honestidad, pero al cabo terminó con la relación, ya que no quería perderse la experiencia de ser madre.

Alicia moría de ganas de tener un hijo. Había sido una de sus metas desde niña. Ahora, con más de treinta y cinco años, era una prioridad. Decidió que si no conocía a alguien, sería madre soltera, ya fuera mediante inseminación artificial o bien, una adopción. Entonces conoció a Manuel. Era divorciado, diez años mayor que ella. Muy al inicio de la relación le dijo a Alicia que no quería tener hijos. Ella lo pensó. Revaluó sus opciones y decidió que prefería estar con Manuel y olvidarse del tema de la maternidad. Alicia ha dicho que fue difícil dejar ir sus ilusiones, pero que ha valido la pena. No lo considera una pérdida o un sacrificio; simplemente una elección.

¿Cuándo?

Todo tiene su tiempo. Una vez que se ha llegado a la conclusión de que sí queremos tener hijos, es necesario hablar de los tiempos. Algunos querrán esperar a terminar sus estudios y otros quizá prefieran ser padres lo antes posible. Cada persona tiene sus ideas al respecto y lo más probable es que coincidan con su pareja; cuando esto no sucede, es necesario hablarlo y ver cuándo es el momento conveniente para ambos.

Embarazo no planeado

Un tema que también hay que hablar es qué hacer si hay un embarazo no planeado. De acuerdo con las creencias de cada persona, quizá unos piensen que abortar es lo conveniente y otros opinen que los hijos son bienvenidos en cualquier momento. En algunos países, la ley otorga a la mujer la facultad de decidir sobre la terminación del embarazo; en México ocurre igual pero sólo en la capital, y en algunos estados se ha debatido prohibirlo aun por proteger la salud de la madre. Independientemente de la legislación, en el caso de un embarazo no deseado en un matrimonio, resulta más sano (ético) tomar la decisión de común acuerdo.

Hace muchos años, cuando estudiaba en el extranjero, una compañera mía se embarazó. El novio era turco y rápidamente le ofreció matrimonio. Ella, ni tarda ni perezosa, dijo que volvería a México para hablar con sus padres. Cuando llegó al país, abortó y le mandó al galán una carta finalizando la relación. El hombre lloró y pataleó; no tanto por ella, sino por el hijo que no llegó a nacer y por el que no pudo hacer nada. Curiosamente, en el supuesto de que él no hubiera querido tener a su hijo, tampoco hubiera podido hacer nada para evitar que la mujer diera a luz y evadir sus obligaciones de filiación y alimentos. Desde entonces me quedó la duda de que si esto no era un poco inequitativo. Me parecía que había muchas obligaciones y pocos derechos. Con motivo del día del padre, la idea volvió a rondar mi cabeza, así que decidí consultar a un experto para aclararla y busqué a la maestra Rosa María Álvarez de Lara, investigadora del Instituto de Investigaciones Jurídicas de la Universidad Nacional Autónoma de México.

Me explica que en cuanto a los derechos y obligaciones de los padres encontramos una gran disparidad, ya que todavía no hay un acuerdo sobre cuándo inician los derechos de una persona. El Código Civil establece que aunque no haya nacido, se le atribuyen todos los derechos inherentes a la persona, y desde ese punto de vista el hijo tiene derecho a una filiación. Los derechos en ese sentido, respecto al hijo son, o deberían ser, exactamente iguales para los hombres y para las mujeres. Pregunto a la maestra por qué en la práctica no es así y me responde: "Bueno, es la ley. El problema de la ley es su aplicación. No creamos que porque la ley lo dice ya automáticamente va a modificar la realidad. Hay una serie de elementos que tienen que ir junto con la ley para que se den los cambios. Y en este país se ha consagrado a la maternidad como fin último de la mujer y a los hombres se les ha fortalecido en su calidad de proveedores".

La maestra observa que no hay ninguna norma jurídica que pueda obligar a una mujer a tener o no tener un hijo que no quiere. Es una realidad. Una mujer que quiere abortar, lo hace, independientemente de que se lo permita o no la legislación. Si dentro de un matrimonio una mujer decide abortar, el marido puede optar por el divorcio, porque no hay nada más que pueda hacer. De la misma manera, una mujer que decide ser madre, al nacer el hijo ambos padres tienen

obligaciones para con él, a pesar de que el padre no lo haya querido, ya que la ley protege al niño. La conceptualización de todas las
normas parentales va encaminada a la protección del menor. En caso
dado de que hubiese una oposición entre los derechos de padres e hijos, deben de prevalecer los de estos últimos.

Todo cambia después de los hijos

Una cosa es lo que pensamos con respecto a los hijos y otra muy distinta
la realidad. Los hijos son una gran alegría, pero ante todo, una gran responsabilidad de por vida. Muchos consideran que cuando un matrimonio
o una relación va mal, los hijos fortalecerán ese vínculo. Nada más lejos
de la realidad. Los hijos, si algo hacen, es potencializar lo que ya está.
Si la relación es mala, con probabilidad se hará más complicada, y si es
buena, irá mejor. Una cosa es cierta: los hijos cambian totalmente la dinámica de una relación. Esto no necesariamente es malo; sólo es diferente
y hay que ajustarse, tal como lo haríamos en situaciones de otra índole.
       Por supuesto que ante la llegada de un bebé hay un periodo
de ajuste. De pronto, todo gira en torno al retoño. Muchos hombres se
quejan de que ante el nuevo papel de mamá sus mujeres se olvidan del
papel de esposa, mientras que ellas se quejan de que ellos no ayudan
lo suficiente en el cuidado del bebé. Definitivamente, dependiendo de
las labores de cada uno, habrá que hacer ajustes para que los dos puedan cumplir con sus obligaciones y repartir las tareas relacionadas con
la atención del recién nacido.

Educar a nuestros hijos

No hay fórmula perfecta ni garantizada para educar bien a los hijos.
Hay, sin embargo, muchas creencias arraigadas en los países latinos o
machistas respecto a la maternidad y la crianza de los hijos. Como en
automático pensamos que los niños estarán mejor con la madre y que
además, por ser mujer, ella sabrá qué hacer. Mentira. Los varones cuentan con las mismas aptitudes que las mujeres para atender a sus vástagos. Un cambio afortunado en las tendencias de los últimos años a nivel mundial ha sido el aumento en el grado de participación masculina

en el cuidado de los pequeños. Asisten más a las juntas de la escuela, están pendientes de sus necesidades, hablan más con ellos. En la generación de nuestros padres y ya no digamos en la de los abuelos, encargarse de los hijos era cosa de mujeres y los hombres se perdían una de las mejores partes de la vida al no compartir esta responsabilidad.

Existe también otro mito con respecto a que los vástagos estarán mejor atendidos si la madre se queda en casa. Es una decisión de la pareja. Ambos deben valorar las consecuencias de la misma. Habrá casos, aunque los menos, en que la mujer sea mejor proveedora y sea el padre quien principalmente se encargue de los hijos. Habrá otras situaciones en que la pareja decida compartir las responsabilidades de los críos y a la vez desarrollarse profesionalmente. No hay fórmula perfecta; lo que hay son acuerdos que funcionan para cada pareja. Marcela y Alejandro son profesionistas exitosos. Tienen dos niños pequeños y, como un buen equipo, se organizan para cuidarlos. Si Marcela tiene un viaje de trabajo, Alejandro hace arreglos en su oficina para salir algo más temprano, estar más tiempo con sus hijos y trabajar desde casa. Ambos han negociado en sus respectivos empleos la posibilidad de realizar parte del trabajo en casa.

Es importante que la mujer siga trabajando si así lo desea. Los hijos no sufrirán por esto. Al final del día, el matrimonio es un equipo y el cuidado de los pequeños es responsabilidad de ambos padres, no únicamente de la madre. Es importante que ambos puedan perseguir sus metas y no se sientan limitados por tener que hacerse cargo de los hijos. Además de los beneficios legales que otorga la ley a las madres, es posible negociar horarios más limitados que permitan, por un tiempo, dedicar más horas a los hijos.

Escuelas, religión, valores

Cada pareja debe decidir la forma en que educará a los hijos. Todos pensamos que sabemos ser padres, pero de la teoría a la práctica hay un gran trecho. Hay que definir qué tipo de educación queremos para nuestros hijos. ¿A qué tipo de escuela irán? Habrá a quienes les gustaría que fueran a la misma escuela donde ellos mismos estudiaron, a otros no. ¿Una laica o una religiosa? ¿Pública o privada? Es una buena idea reflexionar acerca de las cosas que nos gustan de nuestra educación y las que consideramos un desacierto para evitarlas. Lo fundamental es que los padres estén de acuerdo en la clase de educación que desean para sus vástagos; para ello se requiere un mismo frente.

Es fundamental definir cuáles son los valores que deseamos transmitirles, sin olvidar que los niños aprenden lo que ven. Es difícil que sean tolerantes u honestos si sus padres mienten y discriminan. Llegar a pocos acuerdos pero que sean fáciles de cumplir quizá sea la mejor solución. De nada sirve una lista interminable de metas y valores que son prácticamente imposibles de adoptar y cumplir. Muchos de los acuerdos se irán modificando sobre la marcha. Tal vez la escuela que originalmente habían escogido funcione para todos los hijos. Quizás haya que hacer arreglos diferentes; si la escuela que elige uno de los padres es laica, pero el otro quiere que aprendan bien la religión, pues entonces habrá que buscar unas clases por la tarde o los fines de semana.

Cristina se define como "una beata" y su marido Nacho como muy liberal. Para que sus hijos no entraran en conflicto frente a las distintas maneras de ser de los papás, Cristina decidió que no impondría sus ideas. Consideraba que para crecer en armonía sus hijos necesitaban unos padres bien avenidos con ideas similares más que una mamá siempre corrigiendo o desacreditando al papá.

A pesar de que sus ideas respecto al matrimonio y virginidad son conservadoras, con cuatro hijos de dieciocho a veintidós años, Cristina considera indispensable hablar con ellos sobre el uso del condón y las enfermedades de transmisión sexual: sabe que tiene que respetar la libertad de sus hijos e hijas y sus elecciones, aun cuando no se parezcan a las suyas. La fórmula ha funcionado por más de veinticinco años de matrimonio.

Si no podemos tenerlos: adopción y tratamientos

De acuerdo con datos del INEGI, en México la infertilidad afecta a quince por ciento de las parejas y ha ido en aumento en los últimos años.* Los datos coinciden con los de la Organización Mundial de la Salud,

---

* Sobre estos datos, y sus repercusiones jurídicas, véanse bit.ly/s9Lmsb, bit.ly/KvCstk y bit.ly/JXWDlY.

que señala el mismo porcentaje para parejas en edad reproductiva en el mundo.* Los problemas de fertilidad son variados en cuanto a su complejidad: pueden afectar al varón, a la mujer o a ambos. Sin embargo, en muchos países del tercer mundo, el que una mujer no conciba hace que su comunidad la perciba como un fracaso, como alguien que no ha podido cumplir los fines del matrimonio. Según estudios de la OMS, en África Subsahariana, treinta por ciento de las mujeres de veinticinco a cuarenta y nueve años sufren de infertilidad secundaria (imposibilidad de concebir después de un embarazo inicial). A pesar de que la infertilidad se origine en el varón en cincuenta por ciento de los casos, la carga social cae desproporcionadamente sobre las mujeres, ya que si una pareja no puede tener hijos, el hombre puede divorciarse, o, si su cultura permite la poligamia, tomar otra mujer. La mujer sin hijos padece discriminación y ostracismo, y en muchos lugares se le percibe como una carga para la comunidad.

En México, afortunadamente, no llegamos a esos casos extremos, pero todavía hay quienes ven a la persona infértil como culpable. Cuando después de un tiempo, Pilar y Patricio no podían embarazarse, se sometieron a diversos estudios de fertilidad. Antes de conocer los resultados, decidieron que no iban a decir a amigos y familiares cuál de los dos era estéril. Ellos lo veían como "un problema de la pareja" que sólo atañía a ambos y así les gustaría que lo vieran los demás. Además, con ello evitaban que sus familiares —o ellos mismos— empezaran a repartir culpas. Nadie de su círculo supo quién tenía el problema ni qué tratamiento iban a realizar. Después de dos intentos que no funcionaron, hoy son los felices papás de dos hermosos niños.

Basta preguntar a cualquier pareja que se haya sometido a tratamientos contra la infertilidad: independientemente del resultado, éstos son complejos, caros y estresantes. El costo varía dependiendo de los doctores, la clínica y el procedimiento. Algunos seguros de gastos médicos no cubren estos procedimientos. Además no hay garantía de que funcionen a la primera vez. Hay parejas que tienen que someterse a dos, tres y cuatro tratamientos antes de que puedan embarazarse o se decidan por la adopción. Quizá haya para quien el deseo de ser padre o madre es tan fuerte que no le importe el gasto o pasar

* Véase el informe de la OMS en bit.ly/JCpoGZ.

repetidamente por los tratamientos y el estrés. Es importante estar de acuerdo en hasta cuándo se va a intentar un tratamiento de fertilidad y hasta cuánto se va a invertir en ello.

Por otro lado, el tema es complicado desde el punto de vista ético. Algunas clínicas fecundan varios óvulos y los congelan. Esto, aparte del aspecto ético, resulta en un problema legal, ya que en nuestro país no hay legislación clara al respecto. ¿Qué pasa si la pareja se divorcia durante el procedimiento? ¿Qué pasa si alguno de los dos muere? Si podemos tener un hijo ¿qué hacer con los óvulos congelados? ¿Por cuánto tiempo van a permanecer así? Algunas veces se requiere que los óvulos o el esperma sean donados o se precisa una madre sustituta. Son temas que hay que hablar y ponerse de acuerdo para que no vayan en contra de las creencias particulares de cada uno.

Hay para quienes la adopción no representa mayor problema; otros ni siquiera la consideran una posibilidad. Prefieren no tener hijos a adoptar. Por las razones que sean. El proceso de adopción es largo y también estresante. Es necesario estar de acuerdo en varios puntos como el sexo, la edad del adoptado, etcétera. Además hay que cumplir con varios requerimientos y someterse a estudios psicológicos, socioeconómicos y demás. Si alguno de los dos no está seguro de querer ser padre vía la adopción, es una decisión fundamental que hay respetar.

La infertilidad y sus tratamientos

De acuerdo con la OMS, la infertilidad es la incapacidad para concebir. Una pareja puede ser considerada infértil si después de dos años (algunos dicen que un año) de relaciones sexuales sin protección la mujer no ha quedado embarazada sin que haya una razón que lo justifique, como la lactancia. Infertilidad **primaria** es aquella en la que la pareja no ha tenido jamás un hijo. Infertilidad **secundaria** es la imposibilidad de concebir después de un embarazo previo. Las siguientes son tres de las respuestas más comunes al problema:

- Inseminación artificial: consiste en la inserción de espermatozoides, directamente en la vagina, el canal cervical o el útero cerca del momento de la ovulación. Puede ser homóloga o conyugal: el semen procede de la pareja o bien puede provenir de un donante anónimo.

- Fecundación o fertilización *in vitro*: es una técnica en la que los ovocitos son fecundados por los espermatozoides fuera del cuerpo de la madre y transferidos al útero de la mujer para iniciar la gestación.
- Madre subrogada: la iniciativa que permite a una mujer prestar su útero para la gestación de un embrión fecundado hasta la conclusión del embarazo, siempre y cuando sea de manera libre y sin fines de lucro. Para el caso de México, la Asamblea Legislativa del Distrito Federal aprobó una Ley de Maternidad Subrogada para esa entidad.

En la segunda unión: te acepto con todo el equipaje

Cuando nos casamos con alguien y damos el "sí" estamos diciendo también sí a su familia, costumbres, educación y pasado. En el caso de que la pareja sea divorciada, además de dar el sí a todo lo anterior, damos el sí a sus hijos y a las responsabilidades correspondientes que van desde lo económico hasta la utilización del tiempo y el espacio.

Todos conocemos a alguien que se queja de que su marido o mujer pone a sus hijos de un matrimonio anterior "por encima" de su relación, como si no hubieran pensado que unirse en pareja con alguien que tiene hijos de una relación previa implica aceptarlos y saber que forman parte de la familia. Rosa María, que tenía un hijo de una relación anterior, ante la propuesta de matrimonio de Paco, le dijo: "Yo encantada me caso contigo, pero tú tienes que entender que no te casas conmigo, te estás uniendo a una familia de dos". En un principio, la respuesta tomó a Paco por sorpresa, pero aceptó unirse a la familia de dos, que con el tiempo ha crecido a cinco.

Al igual que en otras áreas de la vida, nuestras elecciones tienen consecuencias. Si no quieres que tu amorcito se preocupe por sus hijos, que pasen temporadas con ustedes, que haya que ajustar y cambiar planes por los niños con mucha frecuencia, es mejor buscarte otra pareja sin hijos. Integrar una familia requiere flexibilidad, tiempo, paciencia, comprensión y esfuerzo.

Si no estás dispuesto a aceptar que los hijos de tu pareja deben tener un espacio en tu hogar, que parte del tiempo juntos será con ellos, que es necesario aceptar las responsabilidades que tiene con ellos, es mejor dar marcha atrás a los planes de boda. Además habría que preguntarse: si tu pareja es capaz de eludir las responsabilidades para con sus hijos por estar contigo, ¿con qué clase de persona te estás casando? ¿Verdaderamente quieres estar con alguien así? Hubo un sonado caso, hace unos años, de una actriz a la que su marido dejó con dos hijos por unirse con otra y no le dio ni un centavo de apoyo para ella o los niños. Mientras que la nueva novia anunciaba los planes de boda por todo lo alto, yo me preguntaba: ¿de verdad quiere casarse con alguien que es capaz de dar la espalda así a sus hijos?

Como ya vimos, cada quien tiene teorías sobre cómo se debe educar a los hijos, y esto puede ser complicado cuando son los de nuestra pareja. Y es que no es fácil tratar con niños ajenos y hacerlos nuestros. Cada pareja deberá decidir los temas relevantes en cuanto a los hijos propios, a los del cónyuge y a los de ambos (si los llegara a haber).

El proceso de integración de la familia implica no sólo hablar con la pareja, sino con los hijos: dejar claro que a pesar del nuevo matrimonio, el afecto hacia ellos sigue igual, que siempre tendrán un espacio en la nueva casa y que su lugar en nuestro corazón no se verá afectado por la nueva relación y, en su caso, por el matrimonio.

También es necesario hablar con nuestros padres y familiares (en caso que se muestren reacios al tema) para pedirles que sean amables con los hijos de nuestro cónyuge. Ellos serán parte integral de las reuniones familiares, así que deben ser tratados con cariño y respeto. Deben tener su lugar en la mesa, algún detalle en las festividades. Es importante no hacerlos sentir que sobran o que no son bienvenidos. Ahora son parte de la familia y hay que tratarlos como tales. En el capítulo 9 hablaremos más sobre las familias de cada quien.

En la euforia de la nueva relación pretendemos que todos los integrantes de la nueva familia estén tan contentos como nosotros. No necesariamente es así: los hijos pueden sentirse amenazados y ver la boda o la unión como una pesadilla. En muchas ocasiones es difícil para los niños ver que sus padres se vuelven a casar, y tienen celos o reticencia con el cónyuge de su padre o madre. Esta conducta es normal y es necesario entender que no es un ataque personal. Sin embargo, el padre tiene que procurar que sus hijos traten a su cónyuge con respeto en todo momento.

Muchos padres insisten que sus hijos asistan a su boda y que sean partícipes en la misma. Algunos hijos lo hacen contentos pero muchas veces vemos unas caritas tristes en la ceremonia y es claro que se sienten fuera de lugar. Cada padre debe decidir si quiere que sus hijos asistan o prefiere que no lo hagan. También es necesario respetar la decisión de los hijos (ya sean menores o adultos), en caso de que prefieran no participar en la ceremonia. Forzar esta decisión seguramente llevará a un desastre. Si asisten, que sea porque lo desean: tienen que sentir que son parte importante del festejo.

Martín se sentía terriblemente mal cada vez que los hijos adultos de Irene, su esposa, llegaban a casa. Pensaba que ella sólo vivía para atenderlos y lo relegaba, por lo que resentía el tiempo que Irene pasaba con ellos. Sentía que no respetaban su lugar en la vida de Irene y mucho menos "su" casa. Cada fin de semana que pasaban con ellos había un pleito con ellos o con Irene. Ella, por su parte, se quejaba de que su marido estaba de malas antes de que llegaran sus hijos. Ellos percibían la tensión y preferían pasar el tiempo a solas con su madre. El que pudieran integrarse como familia, tomó un serio esfuerzo por parte de Irene; sus hijos trataron de incluir a Martín en todas las conversaciones y, con el tiempo, llegaron a invitarlo al cine o a comer cuando su madre estaba fuera, para que se sintiera parte de la familia.

Otro tema que surge mucho en las relaciones de "segunda vuelta" es el de la culpa. Se sienten culpables por haberse divorciado del padre o madre de los niños y haberles causado daño. La forma en que cada uno maneja esta culpa es diferente. Algunos dan regalos desmedidos a sus hijos, otros consienten todos sus caprichos; también hay quienes se alejan por no poder enfrentar el problema. Muchas veces el padre involucrado no puede ver que está actuando por culpa, y suele ser necesario resolver el problema con ayuda profesional.

Mónica y Alejandro vivieron el clásico flechazo. Mónica era divorciada, sin descendencia, y Alejandro estaba también divorciado, pero tenía dos hijos. En un principio todo marchaba muy bien y tenían planes de boda. Con el tiempo, a Alejandro le preocupaba la situación de sus hijos cada vez más. Por una parte, se ponía muy tenso cuando ellos estaban con él y con Mónica, lo que hacía que los momentos que pasaban juntos fueran incómodos. Por otra, tenía miedo de que si él y Mónica llegaban a procrear hijos, los de su anterior matrimonio se sintieran relegados. Los planes de boda se fueron posponiendo hasta que después de un tiempo, Mónica decidió que era mejor poner fin a la relación.

Como ya vimos, en infinidad de cuentos de hadas siempre hay

una madrastra mala (como la de Cenicienta) o un padrastro tirano. Tratemos de no interpretar el papel: uno da mucho tiempo y cariño a los hijastros y quizá nunca nos sentiremos plenamente correspondidos. Muchas veces los hijos sienten que si quieren a su madrastra o padrastro están traicionando a su madre o padre. No hay que esperar que algún día nos llamen "mamá" o "papa". Para muchos, es difícil que después de quince o veinte años de matrimonio, sus hijastros se refieran a ellos como: "la esposa de mi papá" o "el esposo de mi mamá". Definitivamente es duro, pero el amor que uno da no se desperdicia y quizá regrese con el tiempo de otra manera. Por fortuna hay muchas historias de éxito en donde los hijos se adaptan exitosamente a su familia ampliada. Se requiere madurez, comunicación, respeto y toneladas de paciencia.

Si educar a los hijos propios es difícil, el educar niños ajenos es doblemente difícil. Si uno los regaña como lo haría con sus hijos, es probable que alguno de sus padres lo resienta. Si uno no dice nada, puede parecer indiferencia o falta de interés. Lo mismo sucede con los permisos, modales, etcétera. Estando soltera, Claudia se casó con Marcos, que estaba divorciado y tenía dos hijos adolescentes. La relación con Esther, la madre de los niños, y Claudia era cordial. Todo parecía ir bien hasta que un día, cuando los muchachos, al no encontrar a sus padres, le pidieron a Claudia permiso para ir a una fiesta. ¿Es un permiso que les darían sus padres?, preguntó Claudia. Los chicos dijeron que sí y se fueron a la fiesta. Por supuesto que cuando al cabo de un rato Esther habló para preguntar por sus hijos y Claudia le dijo que estaban en la fiesta, Esther se molestó y llamó a Marcos para reclamar que Claudia diera permisos a sus hijos. Después del pleito acordaron que si los hijos de Marcos no encontraban a su papá o su mamá para un permiso, Claudia no podía autorizar nada, así que tendrían que llamar hasta que los encontraran y santo remedio.

Hay otros casos en que todos están de acuerdo en que la madrastra o el padrastro puede educar y reprender a los hijastros. La buena comunicación es siempre necesaria y en este caso es indispensable que además de la nueva pareja, la madre o padre de los niños esté de acuerdo también. Asimismo hay que hablar acerca de los castigos. ¿Qué es lo adecuado? ¿Prohibir la televisión, la computadora, el iPad o los videojuegos? ¿Se les pone a escribir líneas en un cuaderno o se les asigna alguna responsabilidad de la casa como limpiar su cuarto?

Los castigos corporales son cada vez menos frecuentes, pero

aún hay padres que consideran que una nalgada de vez en cuando es necesaria. Yo no estoy de acuerdo con los castigos corporales; como sea, me parece que el padrastro o madrastra no deben aplicarlos. Cristóbal se casó con Silvia, madre de Sebastián y Roberto, de seis y ocho años respectivamente. Como vivían en casa de Cristóbal, y él los mantenía, él sentía que tenía el derecho de corregirlos y educarlos. Silvia le explicó que independientemente de que él pagara sus gastos, ella no creía en los castigos corporales y jamás le permitiría que les pusiera una mano encima. Cristóbal lo entendió (no sin cierto trabajo) y respetó la decisión de su mujer, tanto en lo que concernía a los hijos de Silvia como a los que procreó con ella.

Por último, tener una buena relación con las parejas de nuestros ex es lo más conveniente para todos. Claro que cuesta mucho trabajo, porque hay muchos sentimientos y en general percibimos a la ex de nuestro cónyuge como rival, pero el contacto cordial es clave para manejar de manera exitosa la relación con sus hijos. Poco tiempo después del divorcio, Juan, el esposo de Norma, empezó a salir con Luciana, una colega de su oficina. A Norma se le retorció el estómago, pero nunca habló mal de ella con sus hijos ni con su exmarido. Con el tiempo se casaron y los niños pasaban los fines de semana con su papá y su nueva esposa. Gracias a la relación afable que tenían, Norma tenía la confianza de hablar con Luciana para preguntar cómo estaban sus hijos cuando estaban a su cuidado; o si se topaban en algún evento, se saludaban amablemente. Esto facilitó las cosas para Norma, Juan y Luciana, pero sobre todo para los niños.

Algunas veces, por diversas circunstancias esto es prácticamente imposible; entonces lo mejor que podemos hacer es tratar de no hablar mal del padre o madre de los niños y su nueva pareja.

Algunas películas

- *Parenthood* (*Todo en familia*) (1989). Dir. Ron Howard, con Steve Martin, Diane Wiest, Mary Steenburgen y Rick Moranis. Cuenta las historias cruzadas de una familia extensa y las relaciones que cada matrimonio o padre soltero tiene con sus hijos de distintas edades.

- *Father of the Bride Part II* (*El padre de la novia 2*) (1995). Dir. Charles Shyer, con Steve Martin y Diane Keaton. El protagonista tiene que aprender a lidiar con el hecho de que su hija está embarazada, cuando se enfrenta al embarazo inesperado de su esposa, lo cual obliga a la pareja a lidiar de nuevo con las consecuencias de ser padres (y también abuelos).
- *Nine Months* (*Nueve meses*) (1995). Dir. Chris Columbus, con Hugh Grant y Julianne Moore. Reelaboración de la película francesa del mismo título, narra un desencuentro entre una pareja cuando ella se embaraza y queda claro que ella quiere tener al hijo y él no.
- *Stepmom* (*Quédate a mi lado*) (1998). Dir. Chris Columbus, con Julia Roberts, Susan Sarandon y Ed Harris. El personaje que interpreta Julia Roberts se involucra con un hombre divorciado y padre de dos hijos. Desafortunadamente, su exmujer enferma de cáncer, de modo que todos deben involucrarse en el tratamiento y la protagonista debe replantear su relación con los hijos y con la exmujer.

Algunas lecturas

- Simon Baker, *Cómo ser un gran padre divorciado. Estrategias para fortalecer el vínculo con tus hijos*, Edebé, 2010.
- Martha Alicia Chávez, *Consejos para padres divorciados*, Grijalbo Mondadori, 2009.
- Sandra González Santos, La reproducción asistida en México, *Nexos*, noviembre de 2011. Disponible en línea en: bit.ly/vqgBxF.
- El 70% de las parejas con problemas de infertilidad logran embarazarse, disponible en línea en: bit.ly/JnJwMi.

5 Roles: ¿quién hace qué?

Mitos: el hombre proveedor y la mujer recolectora

Los mitos del hombre proveedor y la mujer recolectora han estado con nosotros desde las cavernas y a pesar de que los tiempos han cambiado, nos ha costado trabajo cambiar con ellos. Pero el hecho es que hombres y mujeres somos iguales y tenemos los mismos derechos. Una mujer no es menos apta para cambiar una llanta que un varón, de la misma manera que éste puede perfectamente coser un botón o cambiar un pañal.

En un matrimonio nadie es dueño de nadie; son dos personas con los mismos derechos y obligaciones. Por lo tanto, no es necesario que ninguno le pida o le dé permiso al otro para realizar cualquier actividad. Ojo: esto no quiere decir que no deba existir consideración. Tristemente esto no sucede así en la vida real. En México, de acuerdo con el Consejo Nacional para Prevenir la Discriminación (Conapred), cuarenta por ciento de las mujeres casadas piden permiso a su marido para salir de noche con sus amigas.* Muchas mujeres son como eternas niñas: pasan de ser "hijas de" a ser "señoras de".

De acuerdo con estos roles socialmente predeterminados, los hombres "deben" ser fuertes, proveer y proteger a su familia. Las mujeres, "deberán" ocuparse del hogar y el cuidado de los hijos. En la mayoría de los casos estos roles no pueden intercambiarse. Por lo general, las mujeres no tienen idea de lo que sucede en el ámbito laboral de su

* Véase Ivonne Vargas Hernández, "Mujeres aún piden 'permiso' para salir", en CNN Expansión, disponible en línea en: bit.ly/f1b0qN.

marido y ellos desconocen la dinámica del hogar. Esto no tendría que ser necesariamente así. Lo podemos ver en los casos de parejas divorciadas: el divorcio las obliga a enfrentarse a otras realidades y hacer cosas que son perfectamente capaces de hacer, pero que se negaron a realizar durante el matrimonio. Los hombres divorciados se ven obligados a cambiar pañales y cuidar de los hijos, mientras que las mujeres tienen que aprender a responsabilizarse de los pagos de sus gastos e ingresar al mundo laboral.

Afirma Marina Castañeda:

> A pesar de los enormes cambios en la condición socioeconómica de las mujeres en el último siglo, sigue habiendo una profunda diferencia entre los proyectos de vida que la sociedad aprueba y fomenta en hombres y mujeres. Si bien ellas han conquistado una igualdad de oportunidades en muchas áreas de la educación y el trabajo, el machismo sigue influyendo en su proyecto de vida. Para la inmensa mayoría de ellas la meta principal sigue siendo casarse y tener hijos; el no poder hacerlo, por la razón que fuere, se considera un fracaso. El no querer hacerlo se interpreta como una anomalía, una falla en la feminidad. Mientras tanto, nadie cuestiona la masculinidad de los hombres que no deseen casarse o tener hijos, como los hay muchos: basta ver la cantidad de hombres que terminan una relación cuando se les plantea la posibilidad de matrimonio o un embarazo.*

El respeto profundo es el regalo más grande que le podemos hacer a otro ser humano. Es reconocer que a pesar de que no estamos ni remotamente de acuerdo con él en tal o cual cosa, y que dada la situación, nosotros no haríamos lo mismo, respetamos su decisión porque consideramos que es un adulto, independiente, con inteligencia y capacidad de elegir, a pesar de que a nuestros ojos esas elecciones sean equivocadas.

Esto quiere decir que si nuestra pareja dice tal o cual cosa a su jefe, o decide salir con sus amigos, comprar un modelo determinado de auto o lo que sea, nosotros no tomaremos el papel de sus padres

* Marina Castañeda, *El machismo invisible regresa*, México, Taurus, 2007, p. 296.

para tratar de educarlo, sino que por el contrario, respetaremos esa decisión por absurda que nos parezca.

Uno de los ejemplos más grandes de respeto e igualdad es la historia sobre el manejo de las finanzas de Juan y Linda. Ambos son abogados. Se conocieron cuando estudiaban un posgrado en la Universidad de Yale, en Estados Unidos. Al terminar, Juan, que es español, consiguió un trabajo en una prestigiosa firma de Madrid y Linda, que es estadunidense, en un despacho en Nueva York. Después de un año en que ambos gastaron buena parte de sus sueldos en boletos de avión, Linda pidió un traslado en su despacho y se fue a vivir con Juan. Dos años después se casaron. Dividieron siempre todos los gastos y responsabilidades de las casa. De hecho, en algún momento, Linda aportaba más económicamente, ya que ella era quien mejor ganaba. Con el tiempo vinieron los hijos. Linda trabajó después de que nació Juan Jr., pero cuando llegaron las gemelas dejó de trabajar para dedicarse al hogar. Juan ya era socio en el despacho donde trabajaba y percibía muy buen dinero. Se sintió orgulloso de la decisión de su mujer y la apoyó. Para que ella no sintiese la pérdida de esa igualdad y poder de decisión que mantenían, desde que Linda dejó de trabajar, Juan, después de cubrir en su totalidad los gastos de la familia, le dio un sueldo mensual, muy generoso de acuerdo con sus posibilidades y según lo que, estimaba, valía el trabajo de Linda en el hogar. Así, la mecánica de dividir todo entre los dos siguió funcionando. Linda jamás necesitó pedir a Juan dinero para visitar a sus padres en Washington, comprar ropa o un bolso; ella sabía que podría ahorrar y ver a sus padres dos veces al año o gastar un poco más cada mes y visitarlos sólo una. Si había que hacer un gasto en la casa, como comprar un sillón u algún otro mueble, Linda y Juan lo pagaban entre los dos. Con los gastos fuertes sucedía lo mismo. Como Juan le daba a Linda la mitad de su bono de fin de año, todos los gastos importantes (vacaciones, compra de autos, pagos de hipotecas, etcétera) los decidían y dividían entre los dos.

De sobra está decir que a Juan, la mayoría de sus amigos, le dijeron que era un idiota. Él veía las cosas diferentes. No le interesaba el supuesto poder que da el dinero en una relación, ése de "el que paga manda", sino que su deseo era estar con alguien con quien pudiese tener un equipo y estar en igualdad de circunstancias. Sabía que el poder que viene de la fuerza (en este caso de la fuerza de la cartera) no es un verdadero poder y no era tampoco lo que esperaba o quería en una relación. El arreglo les funcionó y les sigue funcionando a las mil maravillas. Las amigas de Linda envidian el arreglo que tiene con su marido, pero dicen que sólo ella pudo negociar algo así por ser estadunidense. Los amigos de Juan, por su parte, consideran que es el hombre más estúpido de la tierra. Eso que ha parecido tan tonto a los machistas amigos de Juan, para él y su mujer ha sido la clave de la felicidad y de que ambos sientan que están en una relación equitativa donde los dos aportan.

Cuidado del hogar

Recuerdo bien la historia de amor de Laura y Alberto. Uno de esos flechazos que aparecen en las películas. Ella llevó de emergencia a su perro al veterinario y él estaba también ahí para las vacunas del suyo. Cupido andaba con las pilas puestas ese día y los flechó de inmediato. A ninguno le quedó duda de que eran el uno para el otro. Sin embargo, los problemas empezaron poco tiempo después de la boda. Laura se quejaba amargamente de que Alberto dejaba todo tirado y tenía la expectativa de que ella pondría las cosas de él en su lugar. Laura se sentía profundamente ofendida por ello. "No soy ni su nana, ni su mamá, ni su empleada para recoger sus cosas." Por supuesto que los sacos de Alberto se acumularon en el comedor o donde los dejase, porque Laura se negaba a recogerlos. Alberto, por su parte, no entendía por qué su mujer no quería hacerse cargo de sus cosas, como siempre había visto a su mamá hacerlo en la casa paterna.

Laura y Alberto hablaron de todos los temas posibles acerca de su boda. Pero nunca se pusieron de acuerdo en cuanto a las tareas domésticas, división de gastos y muchísimas otras situaciones. Cupido los flechó, pero Mercurio, el planeta de la comunicación, debió de haber estado dormido, ya que olvidaron hablar de todos los temas que día a día hacen la vida. Además de las tareas del hogar, tampoco hablaron de cosas "insignificantes" como fumar en el cuarto (Laura no fuma y ve una falta de atención de Alberto que fume en su cama), las salidas y el cuidado de sus perros.

Así como a los tres meses de conocer a Alberto, Laura nos enseñó su anillo, a los tres meses de casada declaró que el matrimonio era el engaño más cruel. Dijo que no estaba contenta y que no sabía si quería estar con él. Alberto no dio importancia durante el breve noviazgo al hecho de que su novia fuese de una familia menos tradicional, pero después del matrimonio a Alberto, cuya familia es totalmente chapada a la antigua, le pareció natural que Laura, además de trabajar, se ocupara de las labores del hogar, tal como lo había hecho su madre.

El problema que surge en torno a la división de tareas en el hogar no es privativo de México; sucede en todas partes. A pesar de que trabajen a la par con los hombres, las mujeres siguen realizando una mayor parte del trabajo doméstico. En México, de acuerdo con datos del Instituto Nacional de las Mujeres, "del total de mujeres casadas o unidas de doce años y más, 99.1% participa en quehaceres domésticos, mientras que los hombres en ese mismo estado conyugal apenas lo hacen en 61.1% de los casos. Son los varones sin cónyuge, ya sean viudos, separados o divorciados, el grupo de población masculina que más participa en las labores del hogar (70.7%) al igual que los hombres solteros (70.3%). Lo anterior sugiere que los varones unidos toman ventaja de su situación conyugal, ya que el mero hecho de tener pareja hace que depositen en ella la parcial o total responsabilidad del trabajo doméstico. Cuando no se tiene cónyuge, de no ser por el trabajo doméstico realizado por las madres u otras personas de la familia, muy probablemente de sexo femenino, los varones seguramente se ven obligados a realizar tareas domésticas".*

A pesar de que la participación de los hombres en las tareas domésticas ha aumentado en los últimos años, las principales responsables de este trabajo siguen siendo las mujeres. El ingreso de ellas en la actividad económica no ha modificado la situación, ya que además de su trabajo fuera del hogar, no han dejado la labor de esposa y madre. Del total de mujeres que están insertas en el mercado laboral, destaca que 92.0% realizan trabajo doméstico, mientras que sólo 58.4% de los varones lo hace. El tiempo que las mujeres destinan, en promedio, a las actividades domésticas es mucho mayor que el de los hombres. Es importante señalar que el trabajo que realiza el ama de casa ayuda a la economía familiar, pues en la mayoría de los casos no se contrata a una persona ajena para realizar tales actividades.**

---

* INEGI-Inmujeres, "Mujeres y hombres en México", México, 2005.
** INEGI, "Encuesta nacional sobre uso del tiempo", 2002 (datos preliminares).

Después de varios desencuentros y problemas por la división de labores domésticas, Laura y Alberto llegaron a un acuerdo. Cada uno se haría responsable del cuidado de su ropa. Alberto, quien cocinaba mejor, se haría cargo de la cocina y Laura de la limpieza de la cocina. Para evitar más problemas, decidieron destinar una parte de su presupuesto para contratar a alguien que ayudara, una vez por semana, en las tareas domésticas y el resto del trabajo lo dividieron entre ambos.

Independientemente de cómo se hayan repartido las responsabilidades, el no dar las cosas por sentadas y agradecer el trabajo (cocinar, planchar, comprar los víveres) es siempre una buena idea, ya que reconoce la labor y el esfuerzo del otro.

El tema del trabajo doméstico tiende a ir hacia la paridad en otros países del mundo, y seguramente así sucederá en América Latina. Por ejemplo, en España:

> No sólo las mujeres, solas o agrupadas, sino también los Estados modernos están implicándose activamente en la lucha contra la desigualdad femenina. En el caso específico de Europa, el interés político en conseguir igualdad entre mujeres y varones es cada vez más relevante, y términos tales como reparto de responsabilidades, corresponsabilización, conciliación de la vida familiar o laboral, nuevos pactos o democracia paritaria, son cada vez más utilizados para expresar esa voluntad de logro de igualdad. Muchas leyes con este objetivo han sido dictadas por los parlamentos europeos, que han sido sensibles a los reclamos de las mujeres. Sabemos que las leyes no bastan. Entre la igualdad formal y la real existe todavía una gran distancia que sólo podrá cerrarse si todos los actores sociales nos comprometemos con la igualdad. Pese a esta necesidad, lo que actualmente se observa es que quienes plantean con fuerza la necesidad y el deseo de ejercer la igualdad y acceder a la paridad en todos los ámbitos —es decir, compartir las responsabilidades familiares, el trabajo, el ocio y el poder— son casi unánimemente las mujeres.*

* Luis Bonino Méndez, "Los varones hacia la paridad en lo doméstico", 2000, disponible en línea en: bit.ly/KvTrLY.

Cuidado de los hijos

El pensar que el cuidado de los hijos es responsabilidad únicamente de la mujer es equivocado y retrógrado. Los pequeños necesitan el cariño, el apoyo y la guía de sus dos progenitores. Durante mucho tiempo las mujeres fueron las encargadas de su crianza y los hombres mantuvieron su papel de proveedores. Afortunadamente las cosas han cambiado y los varones cada día participan más en la atención de los hijos. Al igual que en el apartado anterior, es importante que cada pareja decida cómo van a dividir el trabajo doméstico y el cuidado de los hijos, dependiendo de las responsabilidades laborales de cada uno y de la edad de los niños. Dividir todo por partes iguales todo el tiempo resulta imposible pero una división equitativa en donde ambos estén conformes es posible.

Si bien es cierto que el dinero es la causa principal de desacuerdo entre las parejas independientemente del nivel de ingresos, la paternidad y el cuidado de los niños provocan 35% de las discusiones, de acuerdo con una encuesta realizada en Nueva Zelanda: 86% de las personas con hijos en casa reconocen tener discusiones recurrentes, frente a 68% de los que no tienen niños. Otras causas comunes de desencuentros son la presión en el trabajo (31%), la falta de tiempo (29%), la labores domésticas (26%) y el sexo (25%). Además, según el estudio, los hombres sienten que las mujeres los regañan cuando discuten, mientras que ellas se quejan de que sus parejas no las escuchan.*

Así como las mujeres han reclamado un lugar en el mundo laboral, los hombres también han dejado de ser ajenos al cuidado de los hijos y hay papás que en el divorcio piden y obtienen la custodia de sus hijos y éstos no sufren ningún efecto negativo. Dice Marina Castañeda:

> Por supuesto, que mucha gente sigue pensando que el cuidado de los hijos corresponde "naturalmente" a las mujeres, por ser éstas las que dan a luz y amamantan a los bebés. Pero esta idea confunde los aspectos biológicos de la maternidad con las costumbres sociales: no es cierto y no hay manera de demostrar que las mujeres sean biológicamente más aptas que los

---

* Encuesta "Tratar con los desacuerdos", disponible en línea en: bit.ly/JUvMqo.

hombres para bañar a los niños, cambiar sus pañales, llevarlos al pediatra o planchar su uniforme escolar.*

Los niños necesitan de ambos progenitores para crecer. Los padres quieren participar en la crianza de los hijos y ejercer una paternidad plena. Buscar un equilibrio y una división equitativa de las responsabilidades paternas tiene consecuencias positivas para todos.

¿Un trabajo fuera del lugar donde vivimos?

Hoy en día el mudarse a otro país es algo sencillo en términos materiales. Sin mucho batallar podemos llevar al otro lado del mundo aquello que deseamos. El combinar agendas de trabajo, escuelas de los niños y familias no es tan sencillo. Si los dos integrantes de la pareja trabajan, es necesario considerar qué posibilidades tiene el cónyuge de la persona que ha sido trasladada para conseguir también un empleo o que, en su defecto, la promoción implique un sueldo muy atractivo y suficiente para que la familia pueda subsistir.

Elena, quien trabajaba en el servicio exterior mexicano, recibió un trabajo muy atractivo en Japón. Su marido, Vicente, aceptó acompañarla, ya que siendo escritor podía trabajar sin problema desde cualquier parte y además podía estar en casa con sus dos pequeños hijos. Fue una buena experiencia para los dos durante los tres primeros años hasta que Vicente recibió una propuesta para trabajar en una prestigiosa universidad en México. Resolvieron que él regresaría a México con los niños y que Elena se quedaría en Japón hasta finalizar su compromiso.

El caso de Elena y Vicente es muy afortunado. Por lo general, es difícil poder compaginar los empleos de ambos miembros de la pareja en un país diferente. El que Vicente haya tenido un empleo flexible, ayudó para que se fueran juntos, pero ¿qué hubiera pasado si él hubiese sido médico o abogado? Es prácticamente imposible conseguir un trabajo en estos campos en otro país sin antes tener las revalidaciones necesarias, que toman muchísimo tiempo; así que el que toma el

* Marina Castañeda, *op. cit.*, p. 82.

empleo en el extranjero debe estar consciente de que su pareja no recibirá ningún tipo de remuneración y que no podrá aportar nada para la manutención de la familia ni costear sus necesidades personales, por lo que además deberá ayudarla con estos gastos (ropa, pasatiempos, seguro de gastos médicos, etcétera).

Por otra parte, quien decide acompañar a su cónyuge y dejar de trabajar, tiene que estar consciente de que el tiempo perdido en el mundo laboral es prácticamente imposible de recuperar. Como todas las elecciones, tiene consecuencias y es mejor tomar las decisiones bien informado. Antes de decir sí o no a una propuesta de trabajo fuera del lugar de residencia, es importante valorar todas las aristas del tema y sus posibles consecuencias.

Además de compaginar la vida profesional de ambos cónyuges, es necesario conciliar los intereses de la familia en su conjunto. Que haya las escuelas adecuadas para los hijos, por ejemplo. El adaptarse a un nuevo país es difícil y requiere esfuerzo de cada uno de los miembros de la familia para aprender un nuevo idioma, adaptarse a las costumbres de un país diferente, etcétera.

Para que una decisión sea buena, se debe tomar en cuenta a todos los involucrados. Una familia es un equipo y cada integrante tiene un papel fundamental. Al igual que en cualquier deporte, las jugadas personalistas rara vez funcionan y a pesar que tengan éxito para el jugador, no resultan positivas para el espíritu del equipo. Mi amiga Rosy, que vino a México acompañando a su mujer, decía que ella y Jane, antes de casarse, habían decidido que la familia era el tronco del árbol. Si una decisión era buena, entonces las ramas y hojas estarían bien. Si por el contrario, la decisión afectaba al tronco, entonces las hojas y ramas no sobrevivirían y por ello para todas sus decisiones ponían más que a sus intereses personales delante, a los de la familia.

Las separaciones temporales no son el fin del mundo

Solemos pensar que cuando estamos en pareja, entre más tiempo estemos juntos será mejor para la relación. Si por cualquier razón existe una distancia física que separe a la pareja, la mayoría de las personas decreta que esta separación llevará a la relación a su fin y los negros presagios no se harán esperar: "amor de lejos es de pensarse" o "amor a distancia, felices los cuatro". Tenemos la creencia generalizada de que la lejanía física promueve la infidelidad o el desamor. La realidad es otra. La infidelidad no es cuestión de distancia, sino de voluntad. Si escuchamos a una pareja decir que pasará unas vacaciones de un mes en localidades distintas con actividades diferentes, seguramente lo interpretaremos como una señal de que el matrimonio atraviesa por una crisis y bien seria.

Hay que pensar dos veces este asunto de la distancia. Probablemente sea mucho mejor de lo que creemos. Sabemos que ausencia y cercanía no están relacionadas con la distancia física, sino con la emocional y que hay parejas que están muy cerca a pesar de estar separadas por un océano de distancia; mientras que otras están sentadas en la misma mesa, el mismo sillón o la misma cama y están a kilómetros de distancia.

Me topé con un artículo muy interesante de Jessica Grose* a propósito del libro de Iris Krasnow *The Secret Lives of Wives: Women Share What It Really Takes to Stay Married* (*La vida secreta de las esposas. Las mujeres hablan sobre lo que realmente se necesita para seguir casadas*). La autora entrevistó a más de doscientas mujeres de diferentes estratos económicos que integraban matrimonios de largo plazo (ella los define como de más de quince años) a fin de entender qué es lo que hace funcionar esos matrimonios. Además de lo obvio, como el sexo, Grose explica que Krasnow encontró que muchas de estas parejas han pasado por periodos prolongados de separación y esto hace que su unión sea más sólida.

Krasnow solía pasar los veranos como instructora en el campamento de sus hijos y su marido se quedaba en casa. Cuando sus hijos crecieron, la pareja decidió continuar con la tradición y los esposos pasaban un mes separados en diferentes partes del país: ella, escribiendo y su marido, con un negocio de muebles. De acuerdo con Krasnow, "esto los ha hecho florecer como individuos y cuando se reúnen, mueren de ganas de verse, se sienten muy bien por sus logros personales y están libres de los inevitables resentimientos que surgen en la cotidianidad de un matrimonio largo". El libro también ofrece una revisión de varios estudios relevantes que confirman que pasar tiempo separados

* Disponible en línea en: slate.me/M1SpZN.

puede tener aspectos positivos para las esposas. Además de las separaciones temporales por vacaciones, los estudios dicen que mujeres casadas con pescadores o camioneros que están separados por varios meses se benefician del tiempo solas: sus decisiones día a día se hacen más fáciles y se hacen responsables de su propia felicidad. En estos casos la separación puede mejorar la comunicación: durante las ausencias, las esposas de pescadores y camioneros dijeron que verdaderamente hablaban y ponían atención a lo que el otro decía, a diferencia de los integrantes de otras parejas que estaban juntos todas las noches, pero jamás mantenían una conversación.*

Respetar el plan de vida personal

Al igual que un barco necesita de un rumbo para no ir a la deriva, el ser humano necesita construir proyectos en los que despliega sus aptitudes y recursos. Dichos proyectos giran, en modo destacado, en torno a dos grandes cuestiones: el amor y el trabajo.

La dificultad mayor para trazar el proyecto de vida reside en tener que tomar una decisión, en tener que elegir una dirección fundamental con exclusión de otra u otras direcciones fundamentales.

Afirma Ricardo Vargas Tripaud:

La vida humana es también la posibilidad de realizar el quehacer u ocupación, trabajo o tarea que ejecuta la persona con plena conciencia de sí y del mundo que le rodea. El quehacer es lo que hace y lo que le pasa al hombre; en suma, es la propia vida que se desarrolla en el drama de la existencia humana. La vida constituye un quehacer que el hombre tiene que emprender de manera continua y permanente. Ello le significa tomar decisiones y realizar acciones para desarrollar su propio proyecto vital que anima su vocación. El proyecto vital es la misión que el hombre descubre y realiza a través de su vida. Este proyecto de vida se origina en la vocación; pero a su vez, el

---

* Una primera versión de esta sección apareció en *Milenio Diario* el 15 de abril de 2012.

proyecto de vida se convierte en vocación del hombre. El proyecto vital responde a la pregunta: ¿cuál es el propósito de mi vida en el mundo?*

Tener un proyecto de vida implica el asumir que somos seres libres, independientes y autónomos, que si bien interactuamos con otros, estas características no pueden perderse ni sacrificarse en aras de cualquier tipo de relación. Implica el trazar un rumbo y seguirlo; tomar decisiones, responsabilizarnos de sus consecuencias, y aprender, en el trayecto, grandes lecciones de vida.

En una pareja se unen dos proyectos de vida. Tradicionalmente éstos han sido diferentes para hombres y mujeres, marcados por los roles de género. El tener un proyecto personal para desplegar nuestras aptitudes y recursos nos hace seres plenos, de ahí la importancia de compartir estos proyectos y que sean apoyados por la pareja para que ambos puedan alcanzar sus sueños.

Diana supo desde niña que quería ser médico. Durante el internado conoció a Néstor, un abogado muy trabajador. Pronto se fueron a vivir juntos. Sus horarios no eran compatibles y sus trabajos muy demandantes. Él llegaba tarde de trabajar y ella se despertaba de madrugada para ir al hospital. Lejos de recriminarse porque no podían acompañarse en los diversos eventos laborales o familiares, aprovechaban los pocos momentos que sus respectivos trabajos les dejaban para estar juntos. Néstor sabe del amor de su mujer a su profesión y la respeta. Admira la labor que hace. Diana, además de ser muy dedicada en su trabajo, cuida que Néstor esté bien y que en casa todo marche en orden para que él pueda dedicarse tranquilo a su profesión. Cada uno respeta el plan de vida que el otro se ha trazado y se apoyan para que ambos puedan alcanzar sus metas.

Sin duda, compaginar empleos demandantes, horarios, el cuidado de un bebé, no es fácil, pero Néstor y Diana son el ejemplo de que echándole ganas, enfocándose en lo importante, es posible.

* Ricardo Vargas Tripaud, *Proyecto de vida y planeamiento estratégico personal*, Lima, 2005, p. 437.

Las mascotas: una cuestión de espacio y responsabilidad

Aunque podamos amar y respetar al reino animal tanto como a nuestra pareja, es un hecho que cada persona tiene un grado diferente de amor, comprensión y acercamiento hacia los animales. Hay quienes no pueden vivir sin una mascota, y otros que jamás han tenido una ni les interesa tenerla. Las mascotas y los espacios que ocupan en la casa son un tema importante sobre el cual deben hablar los integrantes de la pareja.

¿Tendremos mascotas? ¿Qué mascotas? Si alguien ama a los caballos y tiene uno, seguramente no habrá discusión sobre si éste puede entrar o no en la habitación; pero cuando se trata de mascotas domésticas, lo prudente es hablar y llegar a acuerdos sobre el tema. Hay a quienes les gustan los animales, pero no dentro de la casa o sobre su cama, y hay quienes no pensarían en dormir lejos de su perro o gato. También es importante establecer quién cuidará de la mascota y absorberá sus costos; y si deciden hacerlo ambos, entonces hay que repartir las responsabilidades. Éste es uno de los casos en que no hay mejor o peor acuerdo: lo importante es que ambos miembros de la pareja estén contentos con el arreglo.

Dos amigos míos decidieron vivir juntos. Cada uno tenía un perro y al principio, la convivencia perruna no mostró ningún problema. Ambos canes eran cachorros y se llevaban divinamente bien hasta que uno casi muere en las fauces del otro. La falta de cariño entre sus respectivas mascotas no hizo mella en el amor que se tienen sus amos. Aunque la convivencia familiar requiere ahora de ciertas estrategias para evitar que los perros se peleen (no pueden ni estar juntos en la misma habitación), ellos siguen siendo una pareja enamorada y muy bien avenida.

En la segunda unión: el nuevo rol de excónyuge

Llevarla bien con tu ex no es un lujo: es una necesidad. Sabemos que podemos divorciarnos de nuestras parejas, pero no hay (o no debería haber) un divorcio de nuestras responsabilidades paternas o maternas. De la misma forma, también tiene que existir un respeto por el rol que juega su padre en la vida de nuestros hijos. Ésta sí que es una cuestión que para muchos se complica, ya que es un acuerdo de dos y muchas veces no se puede llegar a este acuerdo por mucho que queramos. Lo sé de primera mano: el que en ocasiones no sea posible, no quiere decir que no sea deseable.

Hay quienes manejan con mucho éxito el "rol de excónyuge" y tienen estupendas relaciones con sus exparejas y las nuevas parejas de las mismas. Creo que todos estamos de acuerdo en que sería lo ideal, pero de alguna manera lo seguimos viendo raro; por eso, a modo de broma, cuando conocemos a ese tipo de interrelaciones las llamamos "suecas", "noruegas" o "nórdicas", ya que nos parecen ultracivilizadas y algo ajenas a nuestra cultura. El lograr relaciones armónicas es la clásica situación de ganar-ganar. Además, como no se puede ser expapá, en muchas celebraciones familiares o escolares, habrá que coincidir con el o la ex y convivir todos. Si lo vemos desde la óptica de los niños, a ellos les irá mucho mejor si sus padres pueden comunicarse bien y llegar a acuerdos de dinero, escolares, etcétera. Si su padre o madre se casa y tiene hijos, éstos serán sus medios hermanos y el conservar esta relación y cuidarla favorece a todos. Como excónyuge, puede ser que la idea de invitar a los hijos de nuestra expareja a casa nos parezca un poco complicado, pero al final del día, la relación no tiene que ver con nosotros y siempre serán los hermanos de nuestro hijo y ¿qué mejor que los hermanos convivan?

Siendo soltera, Clara se casó con un hombre mayor que ella y que tenía tres hijos de un matrimonio anterior. Ella se esforzó por tener buena relación con esos pequeños y también con la mamá de éstos (con ella mantenía una relación cordial, pero distante). Con el tiempo, Clara y su marido procrearon dos hijos y ella se esforzó porque sus pequeños se llevaran bien con los medios hermanos. Pasados algunos años se divorciaron, pero la buena relación que tenía Clara con la exmujer de su ahora exmarido y los hijos de ésta no cambió. Los lazos afectivos van más allá que los estados civiles.

Se dan casos en que el ex se "encela", con respecto a sus hijos, por el rol que toma la nueva pareja de su exesposa. No le gusta que los lleve a la escuela, al doctor o a fiestas escolares porque se siente desplazado. Prefiere no asistir (o amenaza con no asistir) a eventos de sus hijos para no ser comparado con el nuevo compañero de su ex.

Cada situación es diferente, pero soy de la opinión que una persona puede sentir verdadero cariño por su padrastro o madrastra (como es mi caso) sin que disminuya un ápice el cariño y admiración que siente por su padre o madre biológicos. Nadie te puede "robar" el lugar que te has ganado en la vida de tus hijos. Por otra parte, tenemos que sacudirnos el concepto de que el amor es limitado. Se puede querer mucho a los padres y también a sus nuevas parejas, aunque de distinta manera. Creo que también es sano, por parte de los nuevos cónyuges, el no tratar de competir por los roles paternos o maternos y evitar las comparaciones. Si un niño dice: "En casa de mamá comemos tal o cual cosa", en vez de descalificarla, simplemente habría que replicar: "Eso está muy bien y es muy rico y nutritivo, pero aquí no es casa de mamá y tenemos otra comida rica y nutritiva que es diferente". Descalificar al progenitor ausente o competir con él o ella no beneficia a nadie.

Al decidir casarse con alguien que ya tiene hijos es necesario entender que ellos se integrarán a nuestro núcleo familiar y, de alguna manera, su padre o madre también será parte de la familia. Todos los esfuerzos en pro de la armonía que realicen los involucrados en esta familia "moderna" redundan en beneficios para todos.

6 Dinero

¿Cuál es el tema que causa más conflictos entre las parejas? ¿El más difícil de abordar?

¿Puedes adivinarlo? En efecto: no tiene que ver ni con el sexo ni con los hijos. El dinero, o más bien, los pleitos alrededor del dinero son la causa número uno de desavenencias entre los integrantes de una pareja. ¿Suena conocido? La explicación es sencilla. A pesar de que el dinero es parte de nuestra vida cotidiana y nos gusta (o gustaría) tenerlo en abundancia, nos cuesta mucho trabajo hablar de él o de plano no nos gusta hacerlo.

El dinero en sí no es el problema, sino lo que representa. Si consideráramos al dinero como lo que es, un pagaré, podríamos hablar del mismo con la misma neutralidad con la que hablamos del clima: de manera racional, sin pasiones. Si llueve, sacamos el paraguas; si hace frío, nos ponemos abrigo. Punto. Sin mayor dificultad aceptamos que el clima tiene sus efectos, y actuamos en consecuencia. Es fácil porque el clima no tiene una carga emocional. En contraste, el dinero tiene una carga emocional muy fuerte, ya que además de su valor intrínseco, cada quien, basado en sus vivencias y educación, le asigna un valor emocional, como seguridad, amor, poder, éxito, control, independencia, etcétera. Y si lo anterior no bastara, todos los días nos vemos obligados a tomar decisiones relacionadas con el dinero. Pueden ser situaciones triviales, como decidir si el presupuesto nos permite salir a cenar o nos quedaremos en casa (a comer sobras), o pueden ser temas de más trascendencia como el auto que queremos comprar, cuánto ahorraremos, la casa en que viviremos, cuánto reservaremos para

SÓLO PARA PAREJAS

vacaciones, etcétera. Nos guste o no hablar del tema, el dinero es una herramienta que necesitamos usar todos los días.

Antaño estos problemas no eran comunes. Desde tiempos de las cavernas hasta la época de nuestras bisabuelas, los roles estaban claros: el hombre era el cazador-proveedor y la mujer, en su carácter de recolectora, administraba lo que le daba su marido. Poco importaba la cantidad, cada cual sabía su papel: el hombre traía el sustento y la mujer lo hacía rendir. Y tan contentos. Hoy las cosas no son tan sencillas; los roles ya no están tan definidos. Por un lado, las mujeres reclaman su derecho a desarrollarse como profesionistas, y por otro, la realidad económica, cada vez más complicada, hace que muchos hogares requieran dos proveedores para salir a flote. Como cualquier otro cambio, esto nos causa temor, desconcierto y preocupación. Para vencer dicho temor, sólo nos queda afrontarlo. Hay que olvidar "cómo deberían ser idealmente las cosas" y hacer los ajustes necesarios para buscar nuevas soluciones.

La educación y valores que nos dieron nuestros padres condicionan el modo en que vemos la vida, y el dinero, por supuesto, no podía ser la excepción. Nuestras vivencias y educación influyen fuertemente en nuestras creencias y nuestros hábitos acerca del dinero. Si Juanito crece recibiendo regalos de sus padres, en vez de afecto, cuando sea don Juan pensará que dinero equivale a amor. Si en cambio nos enseñan que el dinero es "sucio", veremos con malos ojos el que nuestra pareja le dé importancia extrema al dinero.

La influencia de nuestros padres es muy importante, pero también la de nuestro entorno. La sociedad en que crecemos y nos movemos, las creencias religiosas, la información, la publicidad y las opiniones de nuestros amigos y familiares también nos condicionan. Muchos crecimos influidos por ideas románticas de las películas y la TV, en donde el verdadero amor sobrevive a todas las dificultades: mientras puedas estar con la persona amada, no es necesario nada más. "Contigo, pan y cebolla." La realidad rompe brutalmente esas ilusiones. Ojo: Los Beatles cantaron "All You Need Is Love", pero no por eso dejaron de cobrar por sus discos y conciertos. El amor no alimenta, hay que pagar las cuentas y no hay de otra. Al pan, pan, y al vino, vino.

Nos guste o no, en este mundo las apariencias importan y todos somos miembros honorarios del Club de las Apariencias; nos gusta vernos en el mismo nivel que nuestros amigos. Renata y Víctor tienen mil problemas por ello. Renata creció y fue educada en un mundo de apariencias; para ella es cuestión de vida o muerte tener el mismo nivel de vida que sus amigas, vacacionar en los mismos lugares, usar las mismas marcas de ropa, que sus hijos vayan a las mismas escuelas que los de ellas, la lista es interminable. Víctor creció con más estrecheces, y por ello considera más importante ahorrar que tener auto del año. Renata no entiende por qué hay que guardar todo el dinero en el banco en vez de disfrutarlo un poco; secretamente piensa que Víctor no la aprecia y no la quiere ver feliz. Poco a poco sus peleas sobre cómo gastar el dinero se convierten en batallas campales. Su matrimonio sufrió tanto que buscaron ayuda profesional para resolver sus diferencias. Así pudieron ver con los ojos del otro; al final del día, los opuestos se atraen, y los gastadores se ven atraídos por los ahorradores. El experto les sugirió tratar de parecerse un poco a su cónyuge: Renata deberá imitar a Víctor en la parte del ahorro y Víctor a Renata en lo de disfrutar el dinero. Ambos aprendieron que nadie se divorcia por dinero. Éste es solamente síntoma de un problema mayor. Otra vez: le damos al dinero una fuerte carga emocional: puede significar control o puede usarse para realizar una venganza. Por ejemplo, hay mujeres que se "desquitan" de las parrandas de sus maridos yendo de compras y dejando caliente la tarjeta de crédito. Triste, pero cierto.

Cada cambio de estatus financiero estresa la relación. Claudia es una mujer que desde hace varios años trabaja y se mantiene. Cuando se casó con Marcos no sintió necesidad de pedirle dinero a su marido para nada (léase: salón de belleza, ropa, compras, chicles, chocolates, cigarros y varios gastos de la casa). Todo salió muy bien hasta el día en que Claudia decidió dejar de trabajar. Al verse sin sus ingresos, se topó con una de las preguntas más difíciles que ha enfrentado en su vida: ¿y ahora cómo le digo que necesito dinero? ¿Es justo que él pague por mis gastos? ¿Se molestará? Marcos, acostumbrado a que Claudia se hiciera cargo de sus cosas, ni por un momento pensó en ofrecérselo. Ella se sintió mal y confundida, pues resintió el hecho de que Marcos no atendiera algo tan obvio. ¿De verdad no se le ocurre, o no quiere? Cansada de hacer suposiciones, decidió tomar el "toro por los cuernos" y buscó un momento adecuado para hablar de dinero con Marcos. Él se molestó un poco, pero terminó dándole la razón a su mujer e hicieron un presupuesto en pareja para decidir las prioridades y definir los gastos de ambos.

El modo distinto en que hombres y mujeres conciben cómo gastar el dinero es un claro ejemplo de que sus cerebros funcionan de manera diferente. En términos generales, a los hombres les parece excesivo lo que sus mujeres gastan en maquillaje o zapatos; ellas no consideran que un auto deportivo sea artículo de primera necesidad. Ellos prefieren inversiones de mayor riesgo, y ellas tienen un miedo mayor a perder su dinero. Estos enfoques disímiles dan lugar a muchas discusiones. Discutir por el dinero es, pues, normal. La mayoría de las parejas lo hará y aprenderá a vivir con sus discrepancias al respecto. La cuestión no es si una pareja pelea o no por dinero, sino cómo resolverá las diferencias. La clave está en hablar del tema en vez de pelear por él. Parece fácil pero no lo es. Hablar de dinero sigue siendo un tabú; es más fácil hablar de sexo. Sin embargo, llegar a acuerdos económicos es posible y entre más pronto se aborde el tema, mejor.

Laura y Martín nunca se han peleado por dinero. Desde el principio de su relación hicieron una lista de gastos y los dividieron entre ambos. Además, cada quien es responsable de sus gastos particulares. Martín tiene la tarea de ahorrar y Laura la de hacer el "guardadito" para las vacaciones anuales. No es una regla para todos, pero a ellos les ha funcionado muy bien.

Gabriela y Fernando llegaron a otro tipo de acuerdo desde un principio. Gabriela se ocupa de sus gastos personales y Fernando paga todo lo demás. A ellos eso de "lo mío es mío y lo tuyo es mío" les ha funcionado divinamente bien. La comunicación es primordial en todos los aspectos del matrimonio, pero especialmente en el tema del dinero porque cada cual tiene diferentes costumbres en torno a las finanzas que aprendimos de nuestros padres. Al casarse es importante tirar esas ideas preconcebidas sobre el dinero a la basura y establecer unas reglas claras con tu pareja.

Mejor prevenir que discutir

Para evitar los pleitos por el dinero, los expertos aconsejan:
- Hablar regularmente acerca del dinero; es importante estar al tanto de los ingresos y estar en la misma línea acerca de las prioridades de los gastos. Esconder una mala situación económica no la mejora.

- Las peleas por dinero rara vez son por pesos y centavos, así que es importante llegar a la raíz del problema.
- Escuchar a nuestra pareja. Tratar de ponerse en sus zapatos.
- No discutir sobre dinero si se está enojado. Jamás.
- Hay que olvidar lo que ya quedó atrás y centrarse en la discusión de lo que sucede ahora; no en el problema de hace dos años.
- Pensar en el futuro. Es importante compartir sus sueños para el futuro para poder planear los gastos y llegar a ellos.

¿Quién lo gana?

En una pareja puede haber uno o dos proveedores. Tradicionalmente, el hombre ha sido el proveedor principal, pero desde el ingreso de las mujeres a la fuerza laboral en la segunda mitad del siglo xx la cosas han cambiado. Hoy en día las mujeres son parte importante de la economía y en muchos casos son el sostén principal del hogar. Muchas mujeres tienen mejores puestos y ganan más dinero que su respectiva pareja.

En principio, quién es el que gana el dinero para los gastos del hogar no debería ser un problema, pero lo es. Así que se requieren acuerdos sobre el tema. Cada pareja deberá decidir cuál es el que funciona para ellos. Habrá quienes prefieran dividir todo en partes iguales. Para otros, la mejor manera de dividir los gastos es la que es proporcional a los ingresos. Paga más el que gana más.

Como en todos los temas complicados, es importante que los cónyuges hagan oídos sordos a las opiniones de amigos y familiares y planeen la división de los gastos como piensen que mejor les resulte a ellos. Lo que funcionó en nuestras familias de origen no necesariamente funciona en nuestro propio hogar. Irene y Juan Manuel decidieron que los dos aportarían cien por ciento de sus sueldos y de ahí pagarían los gastos de la casa y después cada uno tendría un porcentaje para gastos personales. Los papás de Irene, quienes son muy conservadores, pusieron el grito en el cielo. Ellos pensaban que Juan Manuel debería cubrir los gastos de la casa y el dinero que ganaba Irene era para sus chicles (en el fondo ellos pensaban que su "princesa" ni siquiera debería trabajar). De una manera amable, pero firme, Irene les explicó que era una decisión de ambos y que les agradecía que la respetaran. Les dijo que entendía que tuvieran una visión diferente de cómo deberían ser las cosas, pero que ella y Juan Manuel tenían otra manera de enfocarlas; además, para darse la vida que querían para ellos y su familia era más conveniente dividir los gastos de esa manera. Por otra parte, Irene también les expresó que para ella su trabajo era parte de su proyecto de vida y que agradecía a Juan Manuel que lo respetara y la apoyara. Santo remedio. Los padres de Irene no quedaron tan convencidos, pero respetaron las decisiones de su hija y el marido de ésta.

A pesar de que estamos en el siglo XXI, el hecho de que una mujer pueda ser la principal proveedora del hogar todavía es tabú para muchos, y no sólo en países conservadores; es una idea global. El problema no está en quién sea el principal proveedor, sino la actitud que toma éste en cuanto al dinero que aporta. Sea hombre o mujer, si su actitud es "el que paga, manda" o "si no te parece, te largas", seguramente traerá serios conflictos a la pareja. Muchos hombres se quejan de que las mujeres, al asumir posiciones de poder, adoptan las mismas actitudes que tradicionalmente han criticado de los hombres.

El que la mujer sea la proveedora principal es una cuestión relativamente nueva en las relaciones y por lo mismo hay que buscar acuerdos para que ambos integrantes de la pareja se sientan cómodos. Elba es una importante ejecutiva con un muy buen sueldo. Héctor, su marido, trabaja en una consultoría pero no gana tanto dinero. Elba corre con los gastos importantes de la casa y a Héctor le gusta pagar las cuentas de las cenas románticas, abrirle la puerta a su mujer y llevarle flores.

Para muchos, resulta inconcebible el que una mujer sea la principal proveedora y cuando tal es el caso, califican al marido de "mantenido"; sin embargo, no tienen problema con que sea a la inversa. Si el tema de quién sea el principal proveedor no genera problemas en la pareja, no debería ser asunto de nadie más, pero vivimos en una sociedad conservadora y frecuentemente habrá críticas que ignorar.

Cuando a Graciela le ofrecieron un importante trabajo en Irlanda, habló mucho con su marido antes de aceptarlo. Era muy difícil que él pudiera conseguir empleo en ese país, así que Graciela tendría que correr con todos los gastos de la casa. Luis aceptó y cuidó de sus hijos mientras vivieron allá; además, se dio el tiempo para hacer un curso relacionado con su trabajo. No faltó quien criticara el arreglo de Graciela y Luis. Hubo quien hasta los cuestionó o les hizo bromas de mal gusto. El ir contracorriente no es fácil. Luis y Graciela aceptan que su estancia en Irlanda fue un periodo difícil en su relación por el tema del dinero. Para Luis no era fácil acompañar a Graciela a sus eventos laborales y relacionarse con los demás maridos que lo consideraban como el "acompañante", algo así como una "primera dama". Por fortuna, ambos estaban de acuerdo en que era la mejor decisión para ellos como familia y lograron hacer caso omiso de las insinuaciones y comentarios sarcásticos. Lejos de hacer sentir a su marido como un mantenido, Graciela lo veía como un hombre apoyador y generoso que supo dejar a un lado su ego y anteponer los intereses de la familia. Siempre lo admiró por eso. Muchos los criticaron, pero la realidad es que Graciela pudo dar un gran salto en su desarrollo profesional, sus hijos aprendieron otro idioma y otra cultura y Luis tuvo tiempo para estar con sus hijos y realizar un curso. Quizá este arreglo no funcione para todos, pero para ellos funcionó y eso fue lo importante.

Existen también arreglos temporales que convienen a ambos y en los que sólo uno correrá con los gastos de la casa. Así lo hizo Rebeca mientras Miguel, su marido, estudiaba una maestría. Pagó su escuela, los gastos de la casa y los gastos personales de ambos. Todo. Sabían que era una inversión a futuro para la familia. Los familiares de Rebeca le advirtieron que podía ser un riesgo, ya que una vez que él terminara la carrera podría pedirle el divorcio. Rebeca sabía que era una posibilidad. Después de todo nada está garantizado, pero tenía confianza en su marido y en sus planes a futuro como un equipo. Sabía que era un esfuerzo que rendiría frutos para ella y, en dado momento, la familia que formarían; así que lejos de verlo como un sacrificio lo tomó como un arreglo temporal. Para ella era una situación que con el tiempo redundaría en beneficios para ambos.

Muchas veces la pareja decide que él será quien correrá con todos los gastos de la casa mientras que ella estudia, o para que los hijos, aún pequeños, estén bien atendidos. Es una decisión de cada pareja. Es lo conveniente para ambos y como es una decisión hablada y tomada en conjunto, no debería haber mayor problema.

Para qué negar la realidad. Hay quienes sí ven el matrimonio como una especie de seguro en la que una de las partes correrá con todos los gastos. Hay también uniones en que la motivación principal, más que el amor, es un arreglo económico. Todos tenemos un ejemplo en mente de algún conocido o conocida en esa situación. Un amigo, que mantenía una relación con una mujer que era más de dos décadas menor que él, me dijo: "A ella le gusta mi estabilidad económica y a mí su juventud. Ambos sabemos lo que el otro espera; nadie se está engañando. Si no hay engaños, ¿quién puede objetar algo?".

¿El que paga manda? Hay a quien le gusta ser el proveedor y puede hacerlo. Ha sido educado de esa forma y el no hacerlo lo haría sentir muy mal, a sus ojos y a los que el considera los ojos de la sociedad. Hay quien siente la presión social y no le gusta, o simplemente no quiere hacerlo. Prefiere que su cónyuge sea quien cargue con esa responsabilidad.

Hay también quienes piensan que los gastos deben ser divididos equitativamente entre la pareja. Si los dos no están de acuerdo, se originan serios problemas. Cuando Raquel, divorciada e importante ejecutiva, empezó a salir con Juan Carlos, un pintor soltero que había vivido mucho tiempo en el extranjero, tuvieron varios problemas porque las ideas preconcebidas de ambos no se ajustaban a la realidad. Ella pensaba que el hombre debería ser el principal proveedor en la relación y además cumplir con el rol tradicional de pasar por ella, llevarle flores, abrir la puerta del auto, etcétera. Juan Carlos pensaba que ser galante estaba muy bien, pero no era una obligación y que los gastos de las salidas deberían ser compartidos. La relación no soportó las diferencias en puntos de vista y terminaron. Con el tiempo, ambos se dieron cuenta de que podían haber cedido un poco en sus respectivas posturas y centrarse en lo positivo de la relación, pero ya era demasiado tarde.

¿Cómo se gasta?

Una vez que la pareja se ha puesto de acuerdo sobre quién aporta qué para la manutención del hogar, viene la difícil parte de definir cómo se va a gastar el dinero. Es el clásico tema que parece fácil pero resulta muy complicado. Como dijimos antes, cada cabeza es un mundo y definir cuáles son los gastos prioritarios puede resultar más difícil de lo que inicialmente pensamos. Tal vez ambos estén de acuerdo en que los gastos básicos son prioritarios: renta, hipoteca, alimentos, seguros de gastos médicos, luz, agua, teléfono, etcétera. Para los que tienen hijos, entre sus gastos básicos prioritarios estarán los gastos de los niños en educación, salud y cuidado de los mismos.

Hay otros gastos que podrían ser prioritarios para uno de los integrantes de la pareja y para el otro no tanto, como, por ejemplo, pertenecer a un club deportivo, los autos, la decoración del hogar, las vacaciones, etcétera. Es un caso en el que no hay recetas ni fórmulas mágicas. Cada pareja deberá definir cuáles de estos gastos son importantes. El tener claro qué es prioritario y qué es secundario puede evitar fuertes dolores de cabeza.

Cuando en la crisis del 2009 Gabriel se quedó sin empleo, Pilar, su mujer, canceló todos los gastos secundarios. Prescindió de chofer y ayuda doméstica y canceló las vacaciones y las actividades extraescolares de sus hijos. A pesar de que Pilar trabajaba, sus ingresos no alcanzaban para cubrir todos los gastos y no quería que sus ahorros de toda la vida se esfumaran como el agua. Pilar y Gabriel hablaron con sus hijos y les explicaron que sería un ajuste temporal, mientras Gabriel encontraba otro trabajo. Gracias a que los dos tenían claro que era necesario recortar gastos y estaban de acuerdo en cuáles serían éstos, pudieron vivir durante los diez meses en que Gabriel estuvo desempleado.

¿Cómo se dividen los gastos personales?

Otro tema importante sobre el cual se debe hablar es la división de los gastos personales. Si hay un solo proveedor, evidentemente éste correrá también con los gastos personales de su cónyuge. Quizá lo más sano en este caso sea que el proveedor dé a su pareja una cantidad mensual acordada por ambos de acuerdo con sus posibilidades, ya que es muy incómodo pedir dinero para un desayuno con las amigas, o para un tinte del pelo; y así podrá decidir en qué se quiere gastar ese dinero.

Si ambos aportan a la manutención del hogar, lo más fácil es que cada uno corra con sus gastos personales, después de aportar al hogar lo que le corresponda.

¿Quién decide?

Lo ideal es que se tomen las decisiones en conjunto. Que ambos estén de acuerdo y conozcan el estado de las finanzas. Si el problema es que se está gastando más de lo que se gana y se incurre en deudas, es importante que ambos cónyuges tomen medidas para reducir los gastos. Hay hombres que piensan que ellos deben cargar con esa responsabilidad y dejan fuera a su mujer, muchas veces totalmente ignorante de la situación por la que atraviesan. Es importante que no sólo la mujer, sino todos los integrantes de la familia sepan que están pasando por momentos financieros difíciles. El ocultar la situación y continuar con el mismo tren de vida, no la va a mejorar; por el contrario, seguramente la empeorará.

Los gastos de administración cotidianos pueden ser manejados por ambos o por el integrante de la pareja que tenga más dotes administrativas. Si a ninguno de los dos le gusta llevar la administración, pueden tomar turnos por meses o temporadas. También se puede consultar a un asesor financiero para determinar cuáles son las mejores inversiones.

Mantener cuentas conjuntas para los gastos de la casa y cuentas separadas para los gastos personales puede ser la solución para las parejas con diferentes posturas sobre en qué gastar el dinero. Al tener una cuenta conjunta, por otro lado, se tiene una mejor idea de los gastos y la situación financiera en general.

¿Cómo se invierte?

Hay que planear a futuro y conocer la manera más conveniente para invertir el dinero. No es necesario ser un genio para saber que a mayor riesgo, mayor rendimiento, por lo que cada pareja debe decidir junta cómo su patrimonio y qué porcentaje del mismo puede arriesgarse.

Todos hemos oído historias de desastres financieros. Que si tales o cuales hipotecaron su casa para especular con su dinero en la Bolsa de Valores y perdieron todo. Muchas de las decisiones financieras clave las toman los hombres sin consultar a su mujer, bajo la teoría de que "es cosa de hombres" o "que ellas no entienden de negocios". También hay historias de terror de mujeres que entregan a su marido el dinero, producto de su trabajo, o que heredaron y luego la suma desaparece en malos negocios, parrandas, etcétera. Cristina vendió su casa para iniciar un restaurante con Roberto, su segundo marido. Sus hijos y familiares le dijeron que no lo hiciera, pero ella hizo caso omiso de las advertencias, porque Roberto consideraba que, de no hacerlo, denotaba falta de confianza en "su proyecto". Tristemente, el negocio fue un fracaso. Cristina no sólo se quedó sin casa, sino que también tenía un montón de deudas. Es posible amar profundamente a otra persona, pero estar en desacuerdo en la forma de manejar el dinero. El amor y confianza no requieren un depósito en la cuenta del otro. Se puede amar a una persona y simplemente no confiar en determinado proyecto y no querer arriesgar el patrimonio en eso. Creo que si uno exige al otro algo que no quiere hacer en el ámbito sexual, patrimonial o cualquier otro como prueba de amor, es un foco rojo de que algo en la relación no va bien.

Muchas veces uno de los dos en la pareja tiene una visión más enfocada en el futuro y quiere destinar el dinero al ahorro o a una inversión para el porvenir, mientras que el otro quiere que se destine a lo que considera necesidades urgentes presentes. Marco ahorraba hasta el último centavo, pensando que era lo mejor para el futuro. Silvia pensaba que para qué quería una mansión en diez años si al día de hoy no tenía una televisión y vivía muriéndose de frío en inverno por ahorrar en calefacción. Viéndolo desde fuera es claro que ambos tienen una parte de razón. Quizá en situaciones así se aplica el refrán de "ni tanto que queme al santo, ni tan poco que no lo alumbre".

Herencias, premios, bonos y "extritas" (¿de quién son?)

Es un deseo de la mayoría de las personas que nos caiga una "lanita extra" sorpresivamente, producto ya sea de una herencia de un tío que desconocíamos, de ganar un premio, un sorteo, la lotería o alguna apuesta o de recibir un bono en el trabajo. Cuando esto sucede nos sentimos felices hasta que llega el momento de decidir en qué se va a destinar.

Hace un tiempo recibí una llamada de un amigo. Estaba indignado y furioso con su mujer. Resulta que por azares del destino, recibió un legado de un tío que no veía mucho y vivía en provincia. No era una gran fortuna, pero era una cantidad suficiente para unas vacaciones o para darse un gusto. Rubén, ni tardo ni perezoso, compró los palos de golf de sus sueños. No escatimó en la bolsa ni en los bastones.

Cuando llegó a su casa con su flamante adquisición, su mujer le dijo que no podía creer en su egoísmo al gastar el dinero en algo tan superfluo cuando había tantas cosas que sí necesitaban para su casa. Rubén sentía que su mujer, a la cual no le faltaba nada, no quería que se diera un gusto para él después de trabajar tanto todos los días. Lo único que atiné a preguntarle a Rubén fue: "Oye, amigo, ¿y en qué habían quedado?". Por supuesto que jamás se habían planteado esa posibilidad ni habían hablado del tema. Y si somos sinceros, a pesar de que todos deseamos recibir un dinero extra, el cómo vamos a gastarlo es un asunto del cual generalmente no hablamos con nuestra pareja.

Tribulaciones de un hombre moderno (consideraciones masculinas sobre el dinero)

Mucho se ha hablado y escrito sobre las tribulaciones de la mujer moderna. Su lucha para ser madre, esposa y profesionista. Ríos de tinta han corrido respecto al tema del feminismo y de la nueva posición de la mujer en el mundo laboral. Sin embargo, nadie, o casi nadie, se refiere a las tribulaciones del hombre moderno.

Efectivamente las cosas han cambiado mucho en cuestiones de roles. La verdad es que nosotros ya no sabemos qué hacer ni cómo comportarnos con las mujeres. Si las invitamos a salir por primera vez, no sabemos si les va a gustar o no que les abramos la puerta del coche, si por este simple hecho seremos tachados de anticuados por hacerlo o de pelados por abstenernos. La hora de la cuenta al finalizar la cena es otro problema. He llegado a la conclusión de que es mejor pagarla. Las mujeres por liberadas que sean, prefieren que en esto de las salidas, el tema económico sea a la "antigüita".

Las salidas con colegas en grupos mixtos son otro problema. Si estamos comiendo en un grupo de trabajo y todos los comensales son hombres, seguramente la cuenta se divide o alguien dice que corre como gasto del proyecto: saca la tarjeta y asunto arreglado. Cuando hay mujeres presentes es otra cosa. Algunos sugerirán que "invitemos a las damas" y la cuenta se divide entre los "caballeros" presentes. Rara vez hay un valiente que sugiera que paguemos por partes iguales, y si bien es cierto que ante esto las mujeres no objetan y sacan la cartera, siempre existe el temor a ser fuertemente criticados por ellos y ellas.

Nos educaron para ser proveedores. No sé si me gusta o no serlo, la verdad es que no conozco otra opción. A nosotros no se nos dio la posibilidad de casarnos para que nos mantengan o de elegir quedarnos en casa para criar a nuestros hijos sin que nos llamen "mantenidos". Nuestro rol era otro, nos lo dijeron desde muy niños: "Estudia hijo para que puedas ser exitoso y mantener a tu familia". Eso sí, nadie me habló de aprender a cocinar o cambiar pañales. Sabíamos que algún día formaríamos una familia y seríamos los responsables de cuidarla y proveer a sus necesidades. Nada más. Ahora, además de ser proveedores, hay que ayudar con el trabajo doméstico y ser partícipes de la educación de nuestros hijos. Esto último es algo que jamás vi hacer a mi padre y que disfruto muchísimo. Las nuevas modalidades del rol están bien, pero también nos gustaría que fuéramos reconocidos. Al igual que las mujeres se quejan de la falta de reconocimiento a su labor en el hogar, nosotros también queremos reconocimiento por nuestra labor de proveedores.

Muchos días a la semana me quedo tarde en la oficina. Y antes tenía un trabajo eventual para pagar los gastos extra. Siempre lo hice con gusto. Vi a mi padre esforzarse para darle lo mejor a mi madre y a nosotros. No sé cómo se sentía mi padre al respecto, jamás se lo pregunté, pero en lo personal me desagrada que a pesar de los esfuerzos que hago para que mi familia esté bien, éstos no sean reconocidos o que los resultados se comparen veladamente con lo que ocurre en otras familias. No me gusta escuchar a mi mujer decir "los vecinos ya compraron nueva camioneta y además están remodelando la casa" con gesto que indica: "Y nosotros, ¿para cuándo?".

Probablemente lo que más resiento es la falta de tiempo libre. Me gusta mi profesión y estoy en un momento crítico en mi vida. Tengo que trabajar mucho para tener mejor posición en la empresa en que trabajo. Desde el noviazgo hablamos de las largas horas de trabajo y ella siempre dijo que lo entendía. Yo le creí. ¡Qué iluso! Si salgo a jugar dominó con mis amigos entre semana una vez al mes, es drama porque no quiero estar con ella o porque no salimos juntos. Si el fin de semana me voy con mis amigos a ver o jugar un deporte, entonces soy un egoísta y mal padre porque es el tiempo de mis hijos.

Me gusta que las mujeres sean liberadas y busquen su independencia; es lo justo. Sin embargo, también queremos que nuestro rol de proveedores sea reconocido y comprendido. Cuando la situación económica se pone difícil, nos gustaría escuchar que no necesitan ropa nueva porque prefieren que no trabajemos tanto, que van a trabajar para ayudarnos con los gastos de la casa, o que no necesitamos ir de vacaciones al mismo lugar que los vecinos; que lo importante es estar juntos. Después de varios días de trabajo sin parar, cuánto nos gustaría escuchar que nos vayamos a ver el partido, a jugar dominó o a hacer deporte porque merecemos un tiempo para nosotros. Nos gustaría saber que entienden que tanto trabajo es por el bienestar de la familia y que tenemos su apoyo.

Sinceramente, muchas veces, lo único que queremos es que nos escuchen después de un largo día y en vez de plática nos encontramos con que están concentradas en la telenovela y que nos dejaron un sándwich en la cocina.

Mucho se oye de las tribulaciones de la mujer moderna, pero poco se habla de las masculinas. Al final, es simple, los hombres queremos lo mismo que las mujeres: una pareja más pareja.

"Salgo a trabajar y mi vieja se queda en casa"

Empecemos por aceptar que el trabajo que realiza una mujer en casa no se reconoce como trabajo, por lo que no se valora. La percepción general es que el hombre "sale" a trabajar mientras que la mujer "se queda en casa", dando por sentado que las labores domésticas, la crianza de los hijos y la administración del hogar no representan un trabajo formal. Por ello, en vez de agradecer y valorar sus aportaciones, muchos hombres perciben a sus mujeres como "cargas", ignorando lo valioso de su contribución a la familia. Todo esto, sin entrar en el análisis del control monetario en una relación.

Con el paso de los años ésta suele ser una causa de problemas dentro de las relaciones. Bajo esta perspectiva, tampoco es de sorprender que si hay un divorcio, los hombres se nieguen a aportar una manutención digna a sus mujeres. ¿Cómo podrían querer hacerlo si llevan años sintiéndose "abusados" por sus mujeres que "no hicieron nada", pues creen que todos los bienes materiales son suyos porque ellos los pagaron, como si el trabajo del hogar no valiera nada?

El acceso de la mujer al trabajo remunerado es indispensable para su autosuficiencia y el bienestar económico de los miembros de la familia a su cargo, pero la disponibilidad de oportunidades sigue siendo desigual entre hombres y mujeres. Ellas han seguido trabajando en ocupaciones diferentes a las de los hombres, y cuando entran al mismo terreno casi siempre gozan de menos categoría y sueldo.

Pongamos un caso utópico de que se valorara el trabajo doméstico. Si dos seres libres y responsables, con su propio proyecto de vida decidieran unirse, cada uno aportaría una parte a la manutención del hogar. Ninguno se sentiría subordinado del otro. No existiría el concepto de "el que paga manda" porque ambos contribuyen económicamente. Si después de decidirlo en común acuerdo, alguno de los dos dejara de trabajar fuera del hogar para cuidar a los hijos, esta última tarea sería valorada y reconocida. Si se llegara al divorcio, una de las partes no se sentiría "saqueada" al darle dinero a la otra, sino que lo vería como una retribución de las aportaciones del otro "socio" en la empresa.

Es tan arraigado el concepto de que la mujer está mejor en casa que aun en países que llamamos del primer mundo, los hombres prefieren que sus mujeres no se empleen. En octubre de 2006, la revista *Forbes* publicó un artículo titulado "No te cases con una mujer profesionista".* Polémico resultó el material de Michael Noer, quien sostiene que las "mujeres profesionistas" (a las que define como las que tienen diploma universitario, trabajan más de treinta y cinco horas a la semana y ganan más de treinta y cinco mil dólares al año) son terribles esposas y madres.

Los tiempos están cambiando; las condiciones de las mujeres se han transformado mucho en el último siglo. Sin embargo, hay bastante que hacer en términos de equidad. Es necesario cambiar la percepción social acerca de la mujer profesionista. De nada sirven leyes que

* Disponible en línea en: onforb.es/31o8wV.

otorguen libertades, si la realidad social las limita. A pesar de que las mujeres hemos demostrado que no hay un campo en el que no podamos sobresalir, la realidad es que los varones no reconocen a una mujer profesionista, y peor aún, para fines matrimoniales prefieren a las subordinadas. La paradoja es que si ellas deciden quedarse en casa, el trabajo doméstico no se les reconoce. De seguir con los mismos modelos, la mujer será siempre un ciudadano de segunda categoría. Bajo estas condiciones, no podemos hablar de libertad. Recuerda el caso de Juan y Linda, que mencioné en el capítulo 5: un caso, desgraciadamente poco común, en el que la disparidad de ingresos de la pareja se maneja de manera adecuada y respetuosa.

Una buena razón para no pelear

Hay cosas que todos sabemos, pero es bueno tener los datos duros que respalden nuestras teorías. Un artículo de Catherine Rampell publicado el 7 de diciembre de 2009 en el blog de economía de *The New York Times*, habla acerca de cómo las peleas por temas financieros aumentan el riesgo de divorcio.*

En su artículo, Rampell menciona un estudio de Jeffrey Dew de la Universidad de Utah en el que trata de cuantificar el riesgo, y reporta que las parejas que pelean por las finanzas una vez a la semana tienen treinta por ciento más probabilidades de divorciarse que aquellas que reportaron problemas unas pocas veces al mes. De todos los temas por los que pelean las parejas, las discusiones por dinero fueron las más indicadas para predecir el divorcio. Quizá sea cierto que el dinero no hace la felicidad, pero para las parejas las discusiones sobre el mismo ciertamente crean problemas e infelicidad.

En la segunda unión: pensiones y otros compromisos

Como ya vimos, los pleitos por dinero están entre las primeras razones para el divorcio; y no importa si se trata del primero o el segundo

---

* Disponible en línea en: nyti.ms/6ZN1HH.

matrimonio. Si hablar y tener acuerdos acerca del dinero es fundamental para cualquier pareja, entre las parejas que tienen hijos de relaciones previas es crucial. Hay que definir quién paga qué de los gastos de los niños y cómo. Habrá quienes puedan y quieran hacerse cargo de todos los gastos y habrá quienes no. Por eso es necesario hablar hasta el más mínimo detalle, por ridículo que parezca.

A pesar de que Cecilia era una empresaria exitosa, resentía que su actual pareja, Guillermo, no tuviera el dinero suficiente para correr con todos los gastos de ella y de sus hijos, producto de una relación previa. A ella le costó mucho trabajo entender que no era obligación de Guillermo y que éste, además, tenía que solventar los gastos de sus propios hijos, producto de un matrimonio anterior. Llegaron a un acuerdo de dividir los gastos en las vacaciones y que Cecilia correría con los gastos de sus hijos y sufragaría cincuenta por ciento de los gastos de la casa; él pagaría los de los hijos de él y asumiría el otro cincuenta por ciento de los gastos comunes. Se casaron, pero ella no ha podido resolver ese resentimiento.

Cada uno tiene creencias diferentes respecto al dinero y sobre cómo debe gastarse. Para los muy conservadores, tal vez sea importante que el hombre sea el proveedor. Para quienes son más liberales esta idea les resultará poco práctica o anacrónica. No es un tema de avaricia o falta de generosidad; simplemente es una manera diferente de ver las cosas. En otros casos, quizás el hombre quiera correr con todos los gastos, pero su situación económica se lo impida. No importa cuál sea el acuerdo: lo fundamental es que lo haya para evitar problemas y malos entendidos.

Es importante definir quién va a correr con los gastos del día a día, las vacaciones, las salidas, los fines de semana. Si los hijos de alguno o de ambos cónyuges van a vivir en la casa de la pareja, es necesario saber cómo se van a solventar sus gastos. Hay que ser muy específico: uniformes, ropa, vacaciones, colegiaturas, salidas al cine los fines de semana, seguro de gastos médicos, actividades extraescolares, etcétera.

Para quienes no tienen hijos, quizás el tema de quién se hace cargo de qué es más fácil de resolver. Sin embargo, también hay otros asuntos que tratar como, por ejemplo, obligaciones adquiridas (deudas) o ayuda económica a familiares.

7 Tiempo

El tiempo es un recurso limitado. Todos tenemos solamente veinticuatro horas al día para dedicarnos a nuestras responsabilidades, tiempo con nuestra pareja y nuestros hijos, familiares y amigos. Además de compromisos sociales, laborales, etcétera. Si una queja tenemos hombres y mujeres por igual es que "no nos alcanza el tiempo". Nos hemos vuelto verdaderos malabaristas con el tiempo. Hablamos por teléfono mientras caminamos, o leemos correos mientras esperamos el transporte público. Cada uno tiene sus propios atajos. A pesar de ello, a todos nos faltan algunas horas al día, que generalmente robamos al sueño o a la convivencia familiar.

Para complicarlo todo, el mundo laboral muchas veces requiere más tiempo del que está estipulado. Hay que terminar cosas, acudir a juntas y, como siempre, todo es urgente. El decir que no tenemos tiempo o no podemos no es una opción. Se espera que le respondamos a la empresa que nos contrató. Un par de veces puede entenderse, pero hacerlo con frecuencia aniquila las probabilidades de ascenso y promoción.

Hay momentos en la vida en que se requiere trabajar extra, ya sea para terminar un asunto importante, para obtener una beca, etcétera. Justo en esos momentos es cuando más se necesita la comprensión de la pareja. Por supuesto que, después de una racha de trabajar dieciocho horas al día, cuando finalmente tenemos un poco de tiempo, lo que queremos es descansar, o realizar alguna actividad que no implique movilización ni esfuerzo. Cualquiera que lo vea de lejos puede entenderlo; sin embargo, muchas veces sucede que nuestra pareja se siente totalmente defraudada porque ese tiempo que nos quedó libre, no se lo dedicamos a ella.

Agustín trabajaba muchas más horas que los demás empleados. A base de esfuerzo, se fue ganando la confianza de todos. Por supuesto que esto hacía que le pasaran más trabajos y proyectos. Sabían que estarían terminados a tiempo y en forma. Mientras que Agustín fue soltero, no hubo problema. Cuando conoció a Mónica y empezaron una relación seria, las dificultades comenzaron. Mónica resentía que Agustín no pudiera acompañarla a sus actividades o tuviera que cambiar los planes. Detestaba que cuando iban a ir al cine a la función de las 7:00 PM, el plan se cancelara, se pospusiera o se cambiara por una cena a las 10:00. Agustín se sentía injustamente presionado. No pensaba poner en juego su futuro profesional; pero tal parecía ser el precio que tendría que pagar por tener una relación con Mónica. Se sentía entre la espada y la pared hasta que finalmente habló con ella. Le explicó cómo era su trabajo, la forma de asignar las labores en la empresa y sus metas dentro de ella a corto, mediano y largo plazo. Quería tener un futuro en la firma, pero le explicó que además amaba lo que hacía y era el momento en su carrera de trabajar fuerte para tener mejores oportunidades. Mónica no lo entendió, le pareció que eran pretextos y falta de interés. Por supuesto que la relación terminó. Con el tiempo, Agustín conoció a Claudia, quien entendía la pasión de Agustín por su trabajo, el cual jamás fue un problema en su relación. Hoy están felizmente casados.

Muchas mujeres (y hombres) culpan a sus parejas de ser trabajólicas y poner a su familia en segundo lugar. Para todos nosotros, el trabajo es uno de los puntos cardinales de la vida, junto con el amor, la familia y la salud. Nada más noble que ganar el pan con el sudor de nuestra frente. El trabajo bien hecho produce gran satisfacción, sí, pero ¿cómo saber cuando nuestro amor por el trabajo es excesivo? Es difícil: existe una delgada línea entre ser responsables y dedicados, y la compulsión por trabajar. ¿Cómo pasamos de trabajadores a trabajólicos? Al igual que otros "ólicos", el trabajólico es un adicto. No a sustancias, sino a su trabajo, a su carrera, o a la creencia de que sólo él puede hacer bien las cosas. El término (peyorativo) que define a una persona que pone a su trabajo por encima de su vida personal es relativamente nuevo; lo usó por primera vez el psicólogo Wayne Oates en 1968.

Un trabajólico no se define por el número de horas que trabaja, sino por la prioridad que les da a las mismas. Una persona que labora en promedio quince horas diarias no es necesariamente un trabajólico. Estos adictos no sólo dedican largas horas al trabajo, sino que además no tienen pasatiempos ni amigos. Usan las vacaciones o días festivos como una oportunidad para trabajar horas extra. Si salen con su familia en esas fechas, llevan su computadora portátil y su teléfono inteligente, sin los cuales, dicho sea de paso, no pueden vivir. Se saltan comidas, y cuando comen, lo hacen casi parados, trabajando. Casi no duermen, ya que frecuentemente se desvelan trabajando. Cualquier esfuerzo les parece poco, ya que para ellos su realización sólo la logran mediante el trabajo. Punto. No hay familia, relaciones, ni amigos que valgan. Por eso, muchos trabajólicos son solteros, divorciados, o tienen un matrimonio en peligro. Las actividades que se encuentran fuera del trabajo las definen como una pérdida de tiempo y si llegan a tenerlas, las dejan siempre en un segundo plano.

Esta compulsión por trabajar no es temporal; va más allá de una meta o de la duración de un proyecto. Es un *modus vivendi*. Un trabajólico que se respete, jamás tiene tiempo de visitar a sus padres (ni aunque se enfermen), llega tarde a eventos familiares (y eso, si va). En casos extremos, se pierden el nacimiento de sus hijos y pueden cancelar hasta su luna de miel. Las enfermedades tampoco los detienen: trabajan enfermos y son capaces de trabajar hasta en el hospital mientras se recuperan de un trasplante.

Dentro de los roles sociales, la presión sobre los varones para que tengan éxito no es un mito, sino una realidad. Los hombres construyen su identidad a partir del éxito profesional. Se sienten más importantes y valorados en la medida en que tengan un trabajo más importante o sean más exitosos. Existe, además, un doble discurso de las mujeres con sus "trabajólicas" parejas: mientras por una parte exigen al proveedor más y más y más bienes materiales, por la otra, le reclaman las largas horas que pasan fuera de casa para conseguirlos.

Lo que sí es un mito es la creencia generalizada de que, por estar centrados en el estrellato profesional, los trabajólicos tienen "esposas desesperadas e insatisfechas". Una investigación encabezada hace unos años por el psicólogo Jonathan Schwartz, de la Universidad Tecnológica de Louisiana, realizada con cien parejas sexualmente activas y en las que el hombre era trabajólico, reveló que los varones con dificultades para balancear su vida profesional y sus relaciones personales, son mejor evaluados por sus parejas en términos sexuales.

Por contradictorio que parezca, de acuerdo con Schwartz, los encuentros íntimos de los trabajólicos son frecuentes e intensos. Imelda Bush, investigadora que formó parte del equipo de Schwartz, considera que en buena medida esto pudiera estar motivado por la culpa, ya que los hombres que dedican mucho tiempo al trabajo pueden sentirse mal y hacen un esfuerzo mayor para satisfacer a sus parejas sexualmente y así compensarlas por el tiempo que pasan fuera de casa. Mucho ojo: el estar satisfecho en el aspecto sexual, no necesariamente habla de buenas relaciones conyugales. Si bien el sexo es parte muy importante de una relación, sabemos que no lo es todo, y muchas veces una buena vida sexual no es suficiente para mantener una relación a flote.

Las mujeres trabajólicas que quieren pareja tampoco la tienen fácil. Su actitud ante el trabajo no es percibida por los hombres como sexy; al contrario, les genera rechazo. La imagen de autosuficiencia de ellas los hace sentirse inseguros e incapaces de satisfacerlas en cualquier ámbito. Supongo que será una de las razones por las que es tan común ver a mujeres exitosas sin pareja.

Necesitamos un balance para ser felices y obtener paz interior. Es diferente ser muy trabajador, que ser adictos al trabajo. Hacer bien nuestro trabajo es importante; pero vivir para trabajar tiene un precio. Muchas veces es tan alto, que no vale la pena lo que sacrificamos por ello, pero eso solamente cada uno lo sabe.

Tiempo con los hijos

Todos estamos de acuerdo en que los hijos son una bendición, pero también es cierto que no podemos estar con ellos el cien por ciento de nuestro tiempo. Hay que trabajar para poder sufragar los gastos de la familia y además necesitamos tiempo para nosotros mismos.

En las familias en que ambos miembros de la pareja trabajan, uno y otro tendrán que coordinarse para poder cumplir con las obligaciones laborales, familiares y personales. Cuando hay un arreglo en el que uno es el proveedor único, el otro se hace cargo de los hijos. Son un equipo de dos integrantes en el que cada uno cumple su función. Sin embargo, muchos hombres se quejan de que sus esposas les reclaman que no están el tiempo suficiente con sus hijos.

Ernesto es un buen abogado que labora en un despacho que requiere muchas más horas de las regulares. Es un empleo absorbente y estresante. Algunas veces se ve obligado a trabajar los fines de semana y otras veces sale muy tarde; cuando llega a casa encuentra a sus hijos dormidos. Comer entre semana con ellos es difícil, ya que su casa está muy lejos de la oficina y no le alcanzaría el tiempo para cruzar la ciudad a medio día. A pesar de ello, se organiza para hacerlo una o dos veces por semana. Alejandra, su mujer, piensa que el fin de semana él debe de ocuparse al cien por ciento de sus hijos, pues "no los vio" en toda la semana y además así ella puede descansar. Ernesto siente que tiene una doble carga y que, además, no tiene el tiempo libre para dedicarse unas horas, durante el fin de semana, a su pasatiempo principal que es hacer ejercicio. Varias veces ha tratado de hacerle ver a Alejandra que tomarse dos o tres horas el sábado y el domingo para hacer ejercicio no es abandono, sino un tiempo para él; entre semana, por su tipo de trabajo, le es imposible tomarse tanto tiempo. Invariablemente, lo único que recibe de Alejandra como respuesta es: "No te importan tus hijos, eres un mal padre".

Una pareja no es otra cosa que un equipo. Si uno está encargado del sustento familiar, es su posición dentro del equipo. El cuidado de los niños es otra posición. Laura y Esteban, que están en la misma situación que Alejandra y Ernesto, así lo entendieron. Lejos de culparse, llegaron a acuerdos para que cada uno tuviera un poco de espacio para actividades personales el fin de semana y tiempo en familia. A fin de que Esteban no tuviera que manejar entre semana para ver a sus hijos, ella preparaba sándwiches y hacían un picnic cerca de la oficina de papá. En cuanto al fin de semana, Esteban juega golf el domingo temprano y el sábado se queda con sus hijos a fin de que Laura pueda dedicarse a tomar un curso de cocina.

El entender el papel y la importancia de cada miembro dentro del equipo es indispensable. Si no entendemos la dura responsabilidad de ser el proveedor, difícilmente lo respetaremos y apoyaremos. A la inversa, si no se entiende lo complicado que es el cuidado de los niños y el trabajo en casa, esto no será valorado ni reconocido. Es importante ponerse en los zapatos del otro. Para apreciar lo que hace, es necesario comprender el tipo de trabajo que realiza y lo que requiere. Tal vez pensamos que ocho horas al día en la oficina son suficientes y quizá podemos pensar que un determinado trabajo es sencillo en comparación con otros, sin entender los requerimientos, problemas dentro de la empresa, carácter de los colegas y jefes, grilla laboral, circunstancias especiales, etcétera, que son las razones por las que hay que estar más tiempo en la oficina.

Ya agarraste por tu cuenta las parrandas...

Jueves: ¿noche de cuernos o inseguridad?

Para esto del reventón, cada día de la semana tiene su energía especial. El lunes "ni las gallinas ponen". Es el anticlímax del reventón. Martes y miércoles se vale salir, pero la semana laboral aún es joven, así que son para ir al cine o salir "en plan tranquilo". El día de la semana más divertido para salir es el jueves, ya que por definición es un espacio "sólo de amigos". No es familiar como el domingo, ni de pareja como viernes y sábado. Es un día para estar de juerga, beber, reír, hablar y bailar: totalmente te-ra-péu-ti-co.

Esta terapia es muy esperada por los solteros (originales o "reciclados"); para los que tienen pareja, es harina de otro costal. Para varias parejas es fuente de innumerables pleitos. Y es que para "agarrar por tu cuenta las parrandas", parafraseando la canción de José Alfredo Jiménez, necesitas negociar por adelantado o atenerte a las consecuencias el día siguiente. Si lo pensamos bien, suena a hueco. ¿Por qué nos molesta que nuestra pareja se la pase bien con sus amigos? Hay muchas razones, pero creo que la raíz del problema es que nos cuesta trabajo entender la importancia de mantener la individualidad dentro de la pareja. Por mucho amor que sintamos hacia la otra persona, no dejamos de ser individuos y necesitamos de espacios y realizar actividades por nuestra cuenta.

El *juebebes* surge de esta necesidad. Es, al igual que ver tu programa de TV favorito o leer un libro, un tiempo para ti. Pero así como es difícil imaginar que alguien le arme bronca a su pareja porque está viendo la tele (con sus excepciones) o porque está clavado en la lectura (con sus excepciones), que la pareja prefiera estar con sus amistades sí es interpretado por muchas y muchos como abandono o falta de interés.

Como el juebebes es, por definición, un espacio sólo de amigos (sin mochila, es decir, sin familia ni pareja), en especial a las mujeres nos cuesta ver el lado terapéutico y que es parte del ambiente laboral. Pensamos que nos roba "tiempo de pareja" porque no alcanzamos a entender la necesidad del otro de tener su espacio.

Hay un desfase de horarios entre las parejas cuando se trata de tener tiempo para ver a tus amigos. Tradicionalmente las mujeres que no trabajan ven a las amigas a la hora de la comida o por la tarde, en el cafecito; de noche se quedan en casa cuidando a los hijos. Es raro que salgan con otras mujeres casadas a cenar o tomar la copa, pues dejar a los hijos por las noches se complica. Los hombres suelen estar ocupados con el trabajo durante el día, así que para ellos el tiempo de ver a sus amigos es cuando termina la jornada laboral. Por ello, es más común que los hombres salgan el jueves por la noche. Así que mientras ellos están de juebebes, ellas están de juebebés.

Uno de los grandes enemigos del juebebes es la creencia de que si la pareja se va con los amigos tiene más oportunidad de portarse mal (léase ser infiel). ¿Será cierto? Yo no meto mis manitas al fuego por nadie; y claro que hay cínicos que se quitan la argolla matrimonial (y todo lo que eso conlleva) cuando salen. Eso ni dudarlo. Pero honestamente creo que para quien quiere ser infiel, buscar esta oportunidad no se reduce al jueves por la noche. Después de todo, el que busca ser infiel lo hace porque quiere, y para eso el momento o la circunstancia pesan poco. Aquí, más que renegar de las salidas de nuestra pareja, habría que cuestionar el porqué de la desconfianza. ¿Se basa en realidades o es hija de nuestra inseguridad? Lo malo es que no nos gusta cuestionarnos esto, porque en ambos casos hay que tomar medidas: si desconfías de tu pareja con motivos, tienes que preguntarte por qué rayos quieres estar con alguien infiel; y si están en juego tus inseguridades, es buena hora para hacer algo al respecto.

Creo que en la pareja debe reinar la libertad de acción (no el "libertinaje"). En la individualidad está la riqueza de la persona, y por ende, la de la pareja. De ahí la importancia de respetar los espacios personales. Desde las bases del respeto, hay que llegar a acuerdos válidos. En la medida en que los dos integrantes de la pareja estén de acuerdo y las reglas estén claras para ambos (y se respeten), no tiene por qué haber problemas con el juebebes o cualquier otro día que elijan para salir con sus amigos. Si es a desayunar, comer, cenar o ir de copas, da igual.

El punto es respetar la individualidad del otro y que haya acuerdos sobre el tiempo con amigos para evitar que surja en el otro una sensación de "disparidad", como sentir que uno tiene toda la diversión, mientras el otro tiene todas las responsabilidades. En una relación de pareja hay mil temas que negociar; el juebebes es sólo uno de ellos. En vez de pelear, hay que aprender a respetar y llegar a acuerdos.

Futbol, golf y otros pleitos: las viudas del deporte

El compartir aficiones no te hace automáticamente compatible. Es obvio que si los dos integrantes de la pareja disfrutan de jugar tenis, nadar, golf, etcétera, pues dedicarán buena parte de su tiempo libre a realizar esa actividad juntos y, con el tiempo, tratarán de realizar estos deportes en familia. Sin embargo, hay muchas parejas que no tienen las mismas aficiones, es más, detestan realizar las actividades que al otro le gustan y aun así viven juntos muchos años porque respetan las aficiones del otro.

Andrés adora estar al aire libre. Es una actividad que ha realizado desde que era niño cuando iba con su padre a acampar. Para Andrés estar en contacto con la naturaleza es importante y le ayuda a manejar el estrés al que está sometido por cuestiones de trabajo. Mónica, su mujer, no soporta acampar. Además de que no le gusta, la llena de miedo. Al inicio de su relación, trató de acompañar a Andrés, pero en vez de pasar un idílico fin de semana acampando en una playa, surgieron problemas y pleitos. En la familia de Andrés dudaban de la relación, ya que conocían el amor de Andrés por la naturaleza. Afortunadamente, Andrés y Mónica pudieron resolver sus diferencias y llegar a acuerdos para que él pudiera destinar un tiempo a sus aficiones sin que ella tuviera que acompañarlo y que ninguno se sintiera relegado a un segundo plano. Así, una vez al mes Andrés acampa con sus amigos y Mónica se queda en casa y aprovecha ese tiempo para hacer las cosas que a ella le gustan.

En realidad, el no compartir las mismas aficiones no es un problema, siempre y cuando cada uno tenga su espacio para cultivarlas. El que no te guste el tenis y a tu pareja le apasione, no causa conflicto mientras él tenga el tiempo de practicarlo y verlo en la TV y tú puedas dedicarte a lo que te gusta.

Por otra parte, también es importante tratar de entender las aficiones del otro. Si no puedes vencerlos, únete a ellos. Al entender un juego de beisbol, rugby, futbol, etcétera, es posible que te guste y en una de esas, acabes compartiendo esa afición.

Muchas parejas comparten intereses y aficiones. Sin embargo, puede existir una gran afinidad a pesar de que dos personas no tengan los mismos gustos e intereses. El meollo del problema con las viudas del deporte es que la percepción es errónea. En vez de ver este tiempo como un espacio en el que cada uno se puede dedicar a hacer aquello que le gusta, se percibe como falta de interés, egoísmo y hasta abandono. Así, hay muchas mujeres que se sienten solas y muchos hombres se quejan interminablemente de que ellas no comprendan sus pasiones deportivas, o que los ponen a escoger entre su pasión deportiva y ellas. Disyuntiva que, dicho sea de paso, no es nunca una buena idea.

Los campeonatos son el momento ideal para cambiar la perspectiva. En vez de quejarnos, habría que alegrarnos. Mientras tu adorado tormento se funde con la televisión, tú tienes dos o tres horitas para hacer lo que más te guste. Hay un sinfín de cosas divertidas que puedes realizar mientras tu media naranja está en su paraíso deportivo. Piensa qué te gusta y ¡hazlo! Puedes ir al cine, a un museo, a ver a tus amigas, tomarte el tiempo para leer esos libros que tanto te han recomendado. También puedes dedicar este tiempo a embellecerte y hacerte un pedicure o ponerte una mascarilla. Seguramente existirán muchas otras "viudas" en tu situación que quieran acompañarte encantadas.

Salidas con mis amigas

Para algunos hombres será difícil entender el tiempo que las mujeres pasamos con nuestras amigas. Vamos de compras, al salón de belleza, a comer, y todavía quedan cosas de qué hablar. Así como los hombres disfrutan pasar un tiempo con sus amigos, las mujeres también necesitamos tiempo con nuestras amigas para hablar de la vida, los problemas laborales y familiares, las metas y aspiraciones. Para muchas mujeres el tiempo con sus amigas es lo que las mantiene "sanas" mentalmente.

Sin importar el género, compartir momentos con amigos es importante. Eduardo pensaba que su mujer "desperdiciaba" el tiempo en "cafecitos". La ciencia ya contradijo a Eduardo; lejos de ser un desperdicio de tiempo, las reuniones con amigas son saludables. Existe un estudio de la Universidad de California en Los Ángeles (UCLA) que habla acerca de la amistad entre las mujeres como una alternativa conductual frente al instinto de pelear o huir; y de los beneficios que brinda a la salud el socializar y tener amigos. ¡Qué curioso! Los estudios científicos comprueban lo que la sabiduría popular ha afirmado siempre. Cualquiera que ha pasado un trago amargo en la vida, sabe el consuelo que se recibe de una buena amiga. Las amigas son las hermanas que la vida te da. Te oyen cuando les cuentas tus problemas, te apoyan en tus peores momentos, te acompañan al doctor o de parranda cuando lo necesitas.

Al realizar estudios con mujeres, los investigadores se dieron cuenta de que frente al instinto de huir o pelear, nosotras tenemos otra opción de conducta. Producimos una hormona llamada oxitocina que amortigua los deseos de pelear o huir y que nos anima a cuidar niños y reunirnos con otras mujeres. Esta alternativa no se da en los hombres, ya que a pesar de que también generan oxitocina, la testosterona que producen en grandes cantidades hace que se reduzca el efecto calmante de la oxitocina. El estrógeno, en cambio, aumenta el efecto de la oxitocina. Así, ante un problema, los hombres tienden a encerrarse en sus oficinas y a estar solos, mientras que nosotras salimos corriendo a refugiarnos con nuestras amigas.

Tener amigos y socializar, concluye el estudio, también nos ayuda a vivir mejor y más sanas, ya que reduce la presión sanguínea, el ritmo cardiaco y el colesterol. Las mujeres que tenían amigas tenían menos probabilidades de desarrollar daños al envejecer y era más probable que vivieran una vida feliz. Los científicos concluyeron que no tener amigos cercanos o confidentes era tan perjudicial a la salud como fumar o tener sobrepeso. No puedo hablar en carne propia, evidentemente, de cómo es la amistad entre los hombres, pero lo que concluyen los estudios científicos es que mientras que las mujeres nos juntamos a discutir nuestros pensamientos y sentimientos, ellos tienden más a reunirse para hacer deportes, y sus conversaciones se centran por lo general en el futbol o las acciones en la bolsa, por ejemplo; muy rara vez expresan sus emociones, sentimientos o reflexiones personales, incluso frente a sus amigos más cercanos. Esto no quiere decir que no lo hagan, únicamente que es menos común y, por supuesto, lo harán con menos personas. Un amigo me explicó que los hombres hablaban más de futbol, chistes y cosas triviales que de sentimientos, porque si empezaran a hablar de sus problemas matrimoniales en una mesa, sería una situación demasiado incómoda tanto para el que lo dice como para el que lo escucha, por lo que era mejor evitarlo. A pesar de que el estudio se centra en mujeres, creo que la amistad y sus efectos son para todos. Después de todo, como dijo Elbert Hubbard: "Un amigo es quien lo sabe todo de ti y a pesar de ello, te quiere".

¡No soporto a tus amigotes!

Definitivamente no somos "moneditas de oro". El que te enamores de una persona no garantiza que querrás a sus amigos y familiares. Como en todo, hay gente que nos cae bien y otra que nos cae mal; y los amigos de nuestra pareja no son la excepción. Salvo que hayamos enfrentado alguna grosería o asunto serio, una dosis de tolerancia y paciencia es requerida. Además, muchas veces la primera impresión es equivocada y después de tratar a una persona que originalmente nos pareció insoportable encontramos que tiene muchas cualidades.

Es cierto que no hay obligación de salir o ver a los amigos de tu pareja que consideras insoportables. Hay quienes prefieren hablar claro desde un principio y poner límites y hay quienes tratan de llevar la fiesta en paz y espaciar las visitas.

Para muchas personas el problema no es salir con su pareja y las amistades de ésta, sino el hecho de que el marido o en su caso, la esposa, se vaya con sus "amigotes" o "amiguitas", o con alguien en particular. Patricia detestaba que Toño saliera con un amigo que estaba recién divorciado. Pensaba que sus salidas a comer eran un pretexto para el ligue y lo percibía como una amenaza a su matrimonio. Tuvo varios problemas con Toño por lo mismo. Un buen día entendió que si su marido quería ser infiel no era culpa de Armando, ni de ninguno de sus amigos. Era su elección. Habló del tema que le preocupaba con Toño, el cual lo entendió y cambió las comidas por desayunos o invitaba a Patricia a que llegara para tomar el café si se prolongaban.

Las salidas por trabajo o con compañeros de la oficina también son fuente de celos para muchos. Sabemos que las infidelidades son comunes en el ambiente laboral. Para muchas personas las salidas con los compañeros de trabajo, los cursos, los viajes, la comida de Navidad y demás festejos son una fuente de angustia. El sentir celos es producto de la inseguridad. Los celos no tienen cabida si estás segura de la fortaleza de tu relación. Sin embargo, hay casos en que los celos o la animadversión que se perciben con respecto a determinada persona sí son fundados y existe una atracción entre tu pareja y alguien de su trabajo. Habrá quienes quieran prohibir o limitar estas salidas, habrá quienes prefieran ser incluidos en los planes; pero como en cualquier otro problema, la mejor salida es la comunicación.

Lo que no debes hacer si no los soportas

· No le digas que no te caen bien sus amigos ni los critiques. Si una amiga suya no te agrada, simplemente no le des importancia.
· Respeta a sus amistades, para que respete las tuyas.
· Nunca le prohíbas ver a su grupo, y mucho menos lanzar el ultimátum: "O ellos o yo". No olvides que cada uno debe tener su espacio y amistades propias.

Redes sociales

Un amigo, después de usar un tiempo Facebook, canceló su perfil. No le parecía peligroso e hizo caso omiso a las advertencias de posibles secuestros. Lo canceló porque le parecía un chismógrafo y dijo que no tenía ganas de que sus fotos e información circularan por ahí sin control. En su momento me pareció exagerado, pero no pude más que darle la razón el otro día, cuando leía una nota de Leanne Italie para AP que hablaba acerca de las evidencias que proporcionan las redes sociales en casos de divorcio. La Academia Estadunidense de Abogados Matrimoniales dice que 81 por ciento de sus miembros han utilizado pruebas que han sacado de Facebook, MySpace, Twitter y otros sitios de redes sociales, como YouTube y LinkedIn, en los últimos cinco años.

De acuerdo con el artículo, Facebook es el líder indiscutible para transformar la realidad virtual en un drama de divorcio de la vida real, pues 66 por ciento de los abogados encuestados citaron Facebook como la fuente de las pruebas en línea, seguido por MySpace y Twitter. Los abogados citados en el artículo mencionaron muchos casos en que las redes sociales les habían dado información de más. Una mujer que negó ante el juez tener problemas con las drogas, se encontró que el abogado de su marido obtuvo en las redes sociales fotografías de ella fumando mariguana en una fiesta. Un hombre que negó tener problemas de violencia, fue confrontado con un mensaje altamente violento con el que se describe a sí mismo en su perfil de MySpace. Otro declaró en Match.com que era soltero, sin hijos, mientras que en su proceso de divorcio buscaba obtener la custodia de los "inexistentes" niños. Una mujer encontró las fotos de su esposo con su amante de vacaciones. Hay que notar que a pesar de que él había eliminado a su mujer de la lista de amigos, un amigo en común le proporcionó las fotografías. Las historias de este tipo de tropiezos en las redes sociales son interminables.

Facebook, al igual que las demás redes sociales, es sólo una herramienta que nos ha brindado un gran vehículo para compartir nuestra vida. Si bien es cierto que esa información está protegida, la protección tiene sus límites y riesgos. Podemos quitar la etiqueta a una fotografía pero no podemos hacer que desaparezca del perfil de quien la subió. Y si bien es posible quitar a un ex de tu lista de amigos, no puedes quitarlo de las listas de amigos y conocidos en común. Gracias a las redes sociales, unas fotos de tus vacaciones, por ejemplo, pueden ser vistas casi de manera inmediata por tu lista de amigos, minutos después de que las subes. Dependiendo de las opciones de seguridad que elijas, éstas también pueden ser vistas por amigos de amigos o por cualquiera, con lo que la información se multiplica exponencialmente. Por ello hay que ser cuidadosos en la forma en que utilizamos la herramienta. Catulo (87-54 a.C.) decía: "No fíes tus secretos a ninguno para que consigas que no los sepan todos". De la misma forma que es poco sensato contarle a alguien nuestras intimidades, es igualmente insensato (y me atrevería a decir que mucho más) compartir nuestra información íntima en las redes sociales.

A pesar de que no nos guste admitirlo, somos chismosos por naturaleza. De alguna forma u otra acabas contando o escuchando la información de otros que no es lo que podría considerarse "información pública". En las épocas anteriores a Facebook la información circulaba de una forma más lenta y entre un número reducido de personas. Las redes sociales, por virtuales que sean, en términos de imprudencia no siguen reglas diferentes que las que rigen en la vida real. Si acaso, el bumerán con que nos regresa nuestra imprudencia es mucho más rápido. Si antes una confidencia a la persona equivocada, con el tiempo, nos costaba caro, ahora una imprudencia en una red social nos cuesta carísimo y en segundos. Ejemplos sobran.

Aproximadamente uno de cada cinco adultos utiliza Facebook para ligar, según un informe de 2008 realizado por Pew Internet y American Life Project. ¿Cuántos de ellos mienten acerca de su estado civil? ¿Cuántos están pasando por un proceso de divorcio? Difícil saberlo, pero ahora que Facebook ha rebasado 500 millones de usuarios y tomando en cuenta la imprudencia que es tan humana, definitivamente los abogados no se quedarán cortos de pruebas.

Para los que no estamos en un proceso de divorcio, la alerta es también valiosa. Es necesario entender que las redes sociales son muy útiles, pero también es cierto que en ellas todo lo que digas puede ser usado en tu contra. Al igual que nunca es buena idea enviar mensajes de texto o llamar en estado de ebriedad a los exnovios, escribir en su muro a deshoras tampoco lo es. Mucho menos escribir mensajes llenos de odio en momentos de despecho o ataques contra tal o cual persona cuando se termina una amistad. Compartir y comunicar es muy bueno, pero las redes sociales se rigen bajo las mismas reglas que la vida real, y la discreción es siempre la mejor arma para protegernos de situaciones incómodas. Recuerda la frase: "Eres dueño de tus silencios y esclavo de tus palabras".

Pregunta fundamental: ¿tendremos televisión en el cuarto?

Definitivamente nadie duda de las ventajas de la televisión, el iPad, o los teléfonos inteligentes; el problema es el lugar donde se utilizan. La televisión ha sido tema de discusión entre las parejas. En parte por su ubicación (dentro o fuera del dormitorio) y otra, por las discusiones sobre la programación: mientras que él quiere ver un programa deportivo, ella quiere ver una película. Los avances tecnológicos nos han dado otras opciones de entretenimiento portátil. Así, es posible usar la computadora, el iPad, el teléfono desde nuestra cama, y sabemos que distraen igual o más que la televisión.

¿Qué tan buen idea es? ¿Es un mito o realidad que separan a las parejas? Madonna declaró, en 2008, en una entrevista a la revista *Elle* acerca de su cercana relación con su BlackBerry, al grado que

admitió que ella y su entonces marido Guy Ritchie tenían sus apara-
tos bajo la almohada. La cantante declaró que lejos de encontrar esto
poco romántico, lo consideró muy práctico, ya que generalmente despertaba en la noche recordando algo que había quedado pendiente y
de esta manera podía anotarlo en su teléfono inteligente; y su marido
jugaba Brick Breaker, mientras esperaba que estuviera lista para ir a la
cama. La pareja anunció su divorcio meses después.

Las quejas de hombres y mujeres respecto al tiempo que pasan
sus parejas concentrados en sus teléfonos o iPads en la cama y que con-
testan correos electrónicos de trabajo a cualquier hora de la madrugada
van en aumento. Aunque no podamos verlo, el que cada uno esté con-
centrado en su teléfono ignorando a quien está a un lado es igual de molesto que estar en una mesa donde todos los comensales están concentrados revisando su teléfono, en vez de atender a las personas que están a
su alrededor. Mucho se ha dicho que en la época de la comunicación,
comunicarse con quien está junto a uno resulta cada vez más difícil.

Algunos piensan (¡gulp!) que el matrimonio es la solución a sus
problemas de soledad. Pero como hemos visto, tener compañía no garantiza que nos sentiremos acompañados, ni que nos sentiremos bien.
El sentimiento de soledad es interno y por lo mismo, otros no pueden
curarlo. Es posible sentirse solos a pesar de que haya otra persona
compartiendo nuestra cama. Quienes han vivido este tipo de soledad,
saben que no existe peor soledad que ésta. Sentir que tus sueños e ilusiones no son compartidos por la persona que descansa a tu lado es
muy doloroso, tanto así que para muchos ha sido lo que los orilló a decidir poner punto final a una relación, por doloroso que sea.

La tecnología es importante, pero no podemos permitir que la
diversión virtual termine con una relación real.

Etiqueta mínima para el uso de tecnología

- Para conectarte, desconéctate. Deja tu smartphone fuera de tu habitación.
- Si esperas una llamada importante o un correo, déjalo en modo "vibrar" para
  que el ruido no despierte a tu pareja.
- Pongan límites de tiempo para ver la televisión.

En la segunda unión: salidas con los ex

Existen muchas personas que no creen posible la amistad entre hombres y mujeres. Piensan que más que una verdadera amistad, existe una atracción sexual disfrazada de amistad por parte de uno o de ambos. En el caso de salir con un ex es más complicado, en especial cuando no hay hijos de por medio que, de alguna manera, "justifican" esas salidas. Dicen que "donde fuego hubo, cenizas quedan" y para muchos las salidas de sus actuales parejas con sus ex, por la razón que sea, son fuente de dolores de cabeza.

Andrés tenía una muy buena relación de amistad con Karen, su exnovia. Cuando empezó a salir con Débora, canceló las salidas con Karen para evitar que Débora sintiera celos. La relación de Andrés y Débora terminó, pero Andrés aprendió que salir con sus amigos y amigas era importante para él y que su futura pareja tendría que aceptarlo. Cuando conoció a Sofía, inmediatamente le presentó a Karen. Cuando invitaba a Karen a un café o a comer, Sofía siempre estaba avisada e invitada. Con el tiempo, Sofía y Karen se hicieron buenas amigas al grado que cuando Sofía tenía un problema con Andrés, llamaba a Karen en busca de consejo.

Si el amor es tratar de evitar lo que le molesta a la persona que amamos, es importante aprender a ser cuidadosos para que nuestras salidas con amigos, colegas o *exes* no lastimen a nuestra pareja. Se requiere hablar claro para que no se sienta excluida o amenazada. Para muchos, el que su pareja salga con su ex no es fácil, sin embargo, hay que entender que de la misma manera que ellos tuvieron algo único, lo que hay en la actual relación también lo es y nadie puede competir con ello. Como en todo, es importante aprender a ponerse en los zapatos del otro. Pregúntate: ¿te gustaría que tu pareja viera a su ex y no te invitara ni te avisara? Si la respuesta es no, no lo hagas.

Habrá quienes para evitarse problemas prefieran poner reglas limitantes en cuanto a las salidas con amigos del sexo opuesto, ex y demás. Es un acuerdo válido. Sin embargo, el limitar por razones de miedo no es una buena idea. Es mejor enfrentar la situación y hablar sobre las causas que nos hacen sentir inseguros.

Algunas películas

· *Along Came Polly* (*Mi novia Polly*) (2004). Dir. John Hamburg, con Ben Stiller y Jennifer Aniston. Después de divorciarse porque su esposa lo engañó en plena luna de miel, Reuben Feffer, empleado de una aseguradora que realiza análisis de riesgo de vida para seguros, encuentra en una fiesta a una extrovertida excompañera de primaria, Polly Prince, que vive su vida en riesgo siempre y nunca tomando conciencia. Se empiezan a conocer y luego se enamoran.

· *Two Weeks Notice* (*Amor a segunda vista*) (2002). Dir. Marc Lawrence, con Hugh Grant y Sandra Bullock. Comedia romántica en la que Sandra Bullock interpreta a una abogada brillante, obsesionada por los detalles, que trabaja para Hugh Grant, encantador, irresponsable y fabulosamente rico. Una película que trata de establecer que puedes enamorarte de alguien completamente diferente a ti.

Una lectura

Diane K. Danielson, "Is Your BlackBerry Ruining Your Sex Life?" ("¿Tu BlackBerry está arruinando tu vida sexual?"), *Forbes*, enero de 2007.

Estar permanentemente conectados y estar imposibilitados para apagar o desterrar al teléfono, iPad o computadora de nuestra habitación, tiene consecuencias negativas para las parejas, tal y como lo describe Diane K. Danielson en un artículo en la revista *Forbes*:

¿Qué significa esto para las parejas que están conectadas permanentemente a sus teléfonos inteligentes? De acuerdo con los terapeutas y psicólogos, el acceso a la oficina a cualquier hora del día, a menudo resulta en fatiga, falta de intimidad, resentimiento, el aumento de los conflictos, e incluso, el desgaste prematuro de su carrera. Lo cual es suficiente para derrumbar un matrimonio o relación. Robert Reich, exsecretario de Trabajo de Estados Unidos, popularizó el término "pareja DINS"* (dobles ingresos, no hay sexo) cuando discutió los peligros de la sobrecarga de trabajo en un discurso de 2001. El comentario no

---

* En inglés se habla de parejas DINK (*double income, no kids*: doble ingreso, sin hijos). Reich juega con este término.

sólo provocó risas, sino que sacó a la luz un problema en desarrollo: la gente está trabajando demasiado para tener relaciones sexuales. En 2003, el Instituto Kinsey informó que las mujeres de hoy en día están teniendo menos relaciones sexuales que sus homólogas en 1950.

Las mujeres que trabajan pueden afirmar la veracidad del estudio; éstas se pasan recordando unas a otras la importancia de encontrar el tiempo y energía para tener sexo con sus parejas. Pero a pesar de sus esfuerzos y sus teléfonos inteligentes con grandes capacidades para organizar sus agendas, parece que todo el mundo aún está demasiado ocupado y, sobre todo, muy cansado.

El artículo en línea: onforb.es/ckw6pM.

8 Sexo
Entrevista a Fortuna Dichi

Como hemos venido comentando, las principales causas de divorcio son: dinero, adicciones, problemas graves (pérdida de empleo, muerte de un familiar), falta de comunicación y, por supuesto, las infidelidades.

Finalmente, podemos resumir que casi todos los problemas de la pareja se derivan de la falta de comunicación. Si tenemos una buena comunicación, podemos resolver las dificultades económicas; si somos capaces de expresar a nuestra pareja nuestros miedos, frustraciones, etcétera, es posible superar casi cualquier situación.

A pesar de que el sexo es una de las formas de comunicación más profundas e íntimas entre dos seres que se aman, para la mayoría de las personas es difícil hablar del tema. Cuesta trabajo expresar lo que queremos, lo que no nos gusta. Hombres y mujeres queremos ser considerados como "buenos amantes" y, aunque nos duela reconocerlo, tenemos pavor a las comparaciones desfavorables en ese terreno.

No obstante los esfuerzos para mejorar la educación sexual, es un terreno en el que hay mucho desconocimiento e información errónea. Por otra parte, en las pláticas con amigos y colegas mentimos o exageramos nuestras cualidades para quedar bien o apantallar a los demás, lo cual genera más desinformación. Muchas veces nos preguntamos: ¿es normal que me sienta así? ¿Le pasa a todo el mundo? ¿Es lo que las demás parejas hacen? ¿Será que tengo poco sexo? ¿Significa que mi relación está en peligro? En vez de consultar a un especialista, indagamos en revistas o en internet, donde hay todo tipo de información, pero la que encontremos puede no ser la correcta. Por ello decidí entrevistar a Fortuna Dichi, ya que la sexualidad es un tema fundamental, y quién mejor que ella, con su vasta experiencia en el tema, para hablar de los problemas que las parejas pueden tener en este aspecto.

Fortuna Dichi cursó la carrera de Psicología en la Universidad de las Américas y cuenta con varios estudios sobre sexualidad. Ha impartido cursos a más de quince mil personas acerca de sexualidad infantil, sexualidad adolescente y vida sexual en pareja. Da cursos de técnicas avanzadas de erotismo y es conferencista sobre temas de sexualidad en congresos nacionales. En 2010 publicó su primer libro, *Guía de placeres para mujeres*, bajo el sello de Océano.

¿Por qué es difícil la comunicación en la pareja sobre temas sexuales?

Tiene mucho que ver con la educación, con las culpas, los miedos, los mitos. Una buena comunicación con la pareja implica sentirse a gusto con el tema, poder hablar, verbalizar. Mucha gente tiene relaciones sexuales pero no habla; se guía por los sonidos, las expresiones, la frecuencia, la sintonía, pero nadie dice "Así me gusta" o "No me gusta cuando me haces esto". Creo que una buena comunicación sexual es una de las bases para que una relación de pareja funcione.

Uno de los grandes problemas en cuanto a la sexualidad en la pareja es la falta de delicadeza al comunicar. Muchos hombres le dicen a su esposa: "Es que como que te huele". Pero la vagina huele a vagina. No huele a fresas, porque no es fresa. Huele a vagina y tiene su olor particular (obviamente, descartando enfermedades o un problema de mala higiene). A un hombre con la falta de delicadeza suficiente como para decirle eso a su pareja habría que responderle: "Pues a ti también te huele". Es muy importante tener un poquito de educación, buenos modales, para poder hablar las cosas.

No es lo mismo decir: "Eres una papa en la cama" que: "¿Y si vamos mejorando nuestras técnicas?" o "Vamos a un curso de técnicas eróticas" o "Visitemos a un sexólogo, porque me está faltando emoción". Creo que por ahí podríamos empezar: hablando con cuidado, con respeto, con amor.

En tu experiencia, ¿cuáles son los temas clave de los que habría que hablar en pareja?

Hay que hablar concretamente de lo que nos gusta y lo que no. El problema de muchas mujeres es que ellas ni siquiera lo saben. Llegan esperando que su pareja les marque la pauta por la experiencia que él tiene. Pero al hacer eso fomentan la comparación y la expectativa, por parte de él, de que ella sea igual que las anteriores. Hay que decir: "Probablemente tus otras mujeres fingieron un orgasmo con penetración, pero yo quiero uno clitoral". O: "A mí mastúrbame o hazme sexo oral y con eso tengo". O: "La penetración será para ti, pero yo estoy satisfecha con esto primero". O tal vez: "A mí me hacen falta más besos y caricias". Ésa es una de las cosas que a muchos hombres se les olvida. Con tal de llegar a la penetración, dejan de lado el juego erótico previo, que para las mujeres es sumamente importante. O él puede llegar a las doce de la noche y tener una relación sexual, cuando durante el día no tuvo ningún contacto con su mujer. Nosotras necesitamos que en el transcurso del día nos vayan apapachando, nos vayan preparando el camino, dando detalles, alabando, porque requerimos de este calentamiento previo para que la relación en la noche funcione.

Por eso dicen que el orgasmo es de quien lo trabaja. Yo no puedo responsabilizar a mi pareja de mi placer: mi placer es mi responsabilidad. Eso vale tanto para hombres como para mujeres. Lo primero es conocerte a ti mismo, saber qué necesitas, qué te gusta, qué te excita, cuáles son tus fantasías y, en función de eso, tener apertura al llegar con tu pareja, y que tu pareja te acepte como guía para tu placer.

La importancia de no tener expectativas

(Fortuna subraya la importancia de no tener expectativas. Ninguna. Las expectativas en la cama son, como en otras áreas, enemigas de la relación.)

Algo clave es decir "no" a las expectativas. Tampoco debo hacer comparaciones con mi examante: éste es uno de los grandes errores. Cada pareja es diferente y ofrece cosas diferentes, y si nos ponemos a comparar, generalmente a distancia, idealizamos a las parejas anteriores. Entonces, ni siquiera se puede decir que la comparación sea real.

Otra cosa muy importante es expresar claramente mis deseos, necesidades y fantasías. Y para quien escucha: cuidado con juzgar. A la primera que nos digan: "Te voy a hacer un striptease" y como respuesta nos riamos en su cara ante la idea, podemos olvidarnos de que atiendan nuestras fantasías. Si yo te salgo vestida de enfermera, no te burles de mí por mi disfraz. O si digo: "Vámonos a un hotelito", que la respuesta no sea: "No voy a gastar dinero en eso": aniquilamos futuras sugerencias. Hay que tener cuidado; lo que hacen ese tipo de reacciones y respuestas es apagar a la persona, ya que dan el mensaje de que no hay la confianza suficiente para compartir las fantasías.

¿Cuál es el tema que más trabajo les cuesta abordar a las parejas?

En el hombre, el buen desempeño en la cama, definitivamente. El que esté proporcionando placer —o no— a su pareja, y, por supuesto, la disfunción eréctil. Son temas que ponen a temblar a los hombres.

(*Fortuna considera que es muy importante cuidar la reacción ante estos problemas, ya que una reacción inadecuada empeora la situación.*)

Si empiezan a tener una disfunción eréctil y nosotras reaccionamos: "Ay, mi vida, ¿qué te pasa, ya no me amas?", se agrava el problema en lugar de ayudar a solucionarlo. Es necesario entender que ochenta por ciento de los problemas de disfunción eréctil es orgánico, fisiológico. Puede ser ocasionado por hipertensión, problemas cardiacos, diabetes, no por una situación emocional.

También la frecuencia de las relaciones es un tema que a ellos les cuesta mucho trabajo enfrentar. La mayoría "quiere" muchas más veces que las mujeres. Cuidado: no estoy hablando de calidad, sino de frecuencia.

Los hombres están mucho más en contacto con el instinto, con el placer, con el momento; pueden incluso tener un "rapidito", y pensar: "Ya acabó". Nosotras somos mucho más emocionales. Requerimos que la pareja esté bien, que estemos "a gustito", que no estemos tan estresadas, que los niños no estén despiertos, que tengamos ya hecha la lista del mercado. Son muchas las cosas que nos distraen del sexo.

Ya hablamos de tres problemas masculinos. Ahora, tres cosas de las mujeres. Primera: la anorgasmia, es decir, el hecho de que a veces no puedan lograr el orgasmo. ¿Qué mujer no lo ha fingido? Según las estadísticas, ochenta por ciento de las mujeres acepta en algún momento haber fingido un orgasmo. Segunda: los cambios hormonales. Creo que entre que tenemos la regla, la menopausia, el embarazo y la lactancia, sufrimos transformaciones que realmente provocan problemas importantes en nosotras, y que se notan en nuestra capacidad para el placer sexual. Por último, a las muy conservadoras se les dificulta el placer en general, y las novedades dentro de la relación sexual. Cambiar de posiciones, tener sexo oral o sexo anal, son cosas frente a las cuales algunas mujeres, por cultura o educación, levantan una barrera. Creo que hoy en día hay mucha más apertura en eso, pero todavía no la suficiente.

¿Cuándo dices "hasta aquí"? ¿Cuáles son los límites?

Es una pregunta clave. No existe una respuesta que satisfaga a todas las mujeres y a todos los hombres; por lo tanto, hay que entender que la salud sexual es hacer lo que te viene bien, aquello con lo que te sientes a gusto, lo que te hace sentir digna, lo que te da placer. Ésa es tu marca, y es personal. Por ejemplo, hay muchas jovencitas que me dicen: "Yo le entro perfecto al sexo anal, pero no me pidas sexo oral. Prefiero el sexo anal porque no me embarazo". Algunas mujeres únicamente acceden al sexo en la posición de misionero. Para otras, la idea de traer una tercera persona a la relación de pareja les atrae. Creo que esto depende de cada persona. Tiene que ver primero con mis creencias, valores, cuestionamientos, contacto con el placer, hasta dónde soy flexible en mi línea de valores. Después, con mi pareja: también es muy importante escucharla, conocer y respetar sus límites.

Si nuestra pareja es muy abierta, con necesidades, deseos y fantasías enormes, tendremos que regularnos. Algunas personas accederán a ver películas, pero no se atreverán a traer a una tercera persona a la cama. Otras accederán al sexo oral, pero con la condición de que no eyaculen en su boca. O quizá accedan al sexo anal, pero sólo una vez al mes. Estos límites son personales.

Hay algunas líneas que sí son muy claras. Dolor no es placer. Algo que me haga sentir indigna, tampoco. México es un país en el que el abuso sexual contra las mujeres es altísimo. Esto, de alguna manera, marca pautas importantes y hace que muchas vivencias de la infancia, de maltrato, violencia, abuso o violación, se recuerden en la edad adulta. En estos casos no es fácil que la persona salga sola del problema: tiene que pedir ayuda en una institución especializada.

Sobre juguetes y fantasías, ¿qué recomiendas? ¿Cómo hablar del tema? Quizá tienes ganas de disfrazarte, pero ves a tu pareja muy seria...

Yo creo que hacer realidad una fantasía no tiene que ver con el sexo en sí, sino con el nivel de la relación en general. Si realmente soy de las aventureras que gustan de disfrutar al aire libre, pues tendría que empezar por irme con él a caminar los domingos por la mañana. Es importante ir abriendo espacios en la pareja que no tengan que ver con el sexo, sino con la creatividad en general. Por ejemplo: hacer un juego de roles. En un restaurante, tal vez decir: "Vamos a hacer la historia de la señora que está en la mesa de junto. ¿Cómo crees que es? ¿Cómo tiene relaciones sexuales?". Empezar a jugar, a abrir la mente para permitir ese tipo de juegos; si tu pareja da pie, adelante; si no, te vas a dar cuenta de que no es ésa la forma en que debes plantearlo.

¿Recomiendas ir a una sex shop?

Habría que empezar con juguetes en casa. Puede ser que con la mascada de seda que te pones en el cuello comiences a hacerle un masajito. O que agarres tu collar de perlas y se lo pongas en el pene, le hagas algún jueguito y al día siguiente te pongas el collar y le digas: "Mira, ¿te acuerdas dónde estuvo esto ayer?". Podemos jugar con muchas cosas en casa: desde una pajilla para soplar aire hasta hielo para frotar por su cuerpo. Entonces hay que ver cómo recibe tu pareja esta información: ¿es válida? ¿No es válida? ¿Se sienten a gusto? A partir de ahí ya pueden empezar a buscar fuera: buscar jabones o velas, ir a una sex shop o buscar en internet. Creo que una parte fundamental de este asunto es la negociación. Es decir: no siempre tengo yo que saciar mi fantasía por completo, pero siendo tú la persona que me ama, que procura mi bienestar y el de la relación, negociemos. ¿Hasta dónde tu parte conservadora te permite salirte un poco, y yo de qué manera puedo acallar mi libido? Y llegar a un punto medio.

¿Cómo nos damos cuenta de si estamos bien o mal en términos sexuales? Muchas veces escuchas a tus amigas o amigos y no sabes si la frecuencia de tus relaciones es buena al compararte con otras parejas.

Hay que tener cuidado con las amigas, y también con las revistas: "Dime de qué presumes y te diré de qué careces". La mayoría de las mujeres tenemos la autoestima en el suelo porque las revistas femeninas nos han dicho que tenemos que ser supermujeres, que debemos tener un supercuerpo, etcétera. La realidad es que la mayoría de las mujeres mexicanas nos salimos totalmente del esquema de belleza que nos muestran en una revista. Tenemos panza y celulitis, que son producto de nuestros hijos, de nuestra historia de vida. Sería inútil pretender que después de cuatro cesáreas y de amamantar tengas el busto de antes o el vientre plano. Es necesario entender que nos hacen mucho daño estas imágenes y que, si de verdad amamos a otras mujeres y queremos tener una equidad de género, tengamos armonía en ese sentido. No mintamos. No digamos que somos las grandes amantes y que lo hacemos tres veces al día porque de veras hacemos mucho daño.

Pero volviendo a la pregunta: es muy difícil que la frecuencia sea un parámetro para saber si las cosas andan bien o mal, porque hay muchos aspectos que influyen en el bienestar. Yo diría que, mientras ambos lo disfruten, mientras los dos estén satisfechos con lo que están haciendo, es una buena señal. Si te pide mucho y tú no tienes tanto deseo, es una mala señal. Cuidado: esto no quiere decir que tu matrimonio esté en riesgo y te vayas a divorciar; lo que revela es que hay una asintonía en cuanto a frecuencia sexual que, a la larga, puede traer problemas. Últimamente hemos estado viendo a menudo el asunto del cibersexo: ella no quiere tanto sexo como él, de modo que él empieza a ver páginas en internet y se masturba frente a la computadora. Comienza como algo muy superficial, pero luego se va haciendo adicto al cibersexo y empieza a sustituir la relación sexual por la masturbación. Si tu pareja se masturba más veces de lo que haces el amor, es un claro foco rojo. Ojo: tanto hombres como mujeres nos masturbamos aun estando dentro de relaciones estables, sanas y amorosas, porque es una actividad totalmente diferente del sexo en pareja. Pero si se vuelve un sustituto del coito, ahí sí podemos decir que es un problema.

Otra señal que hay que atender es la disfunción eréctil. De nuevo: lo primero es no pensar que están fallando como pareja, sino recordar que se trata de una cuestión orgánica y acudir al médico. También la eyaculación precoz es un problema que desarrollan desde la adolescencia muchos hombres. En este caso, tiene que ver más con la ansiedad por un buen desempeño.

¿Qué pasa cuando el sexo se usa como un arma? Me refiero a cuando alguien no quiere hacer el amor con su pareja por sentirse maltratado.

El sexo lo utilizamos como un arma de negociación tanto hombres como mujeres, y a menudo se usa en forma negativa. Si sabemos que para el otro es muy importante el sexo, al negárselo es una manera de manipularlo. En general, a la larga es algo que afecta muchísimo las relaciones de pareja.

¿Cómo puedes revertirlo?

Hay que verbalizarlo. Inmediatamente, en el mismo momento en que percibas que tu pareja lo está haciendo. Hablar del asunto de manera directa nos va a obligar a quitarnos las máscaras. Creo que al darte cuenta y verbalizarlo, y hacer que el otro se dé cuenta de que ya te diste cuenta de que te está utilizando, volvemos manejable la situación.

Mucha gente cree que los hijos unen, pero la vida sexual, después de los hijos, se vuelve complicada. ¿Cómo manejarlo?

Es un tema muy importante. Primero está la etapa de desplazamiento: el esposo se siente desplazado y piensa que el vínculo entre ambos se rompió a causa del bebé, aunque lo ame y lo adore. Luego vienen las complicaciones: ella sufre resequedad vaginal, no tiene ganas, le hicieron la episiotomía y luego la cosieron de más, entonces le duele al tener relaciones sexuales. Además, con tanto quehacer, en ningún momento piensa en cómo tener un superorgasmo; lo único que quiere es saber a qué hora se va a dormir, porque todas las noches se la pasa despierta.

¿Cuánto tiempo deben dormir los niños en las habitaciones de los padres?

Yo diría que en la habitación de los padres deben dormir hasta los tres meses, máximo hasta los seis. En la cama de los padres, para nada. Yo sí creo que eso afecta tanto al niño como a los papás. No importa cuántas veces tenga el papá o la mamá que ir a la habitación del niño: no es lo mismo que tenerlo ahí junto. Entiendo que la liga de la leche apoya mucho esto de tener al bebé de libre demanda y que todo el tiempo esté pegado a la mamá. Sí, un rato. Un tiempo. ¿Un niño de un año que llore en su cama y lo pasen a la cama de los papás? Yo creo que no le hace bien a nadie. No le hace bien al pequeño, porque resulta que basa su seguridad en el hecho de que los padres estén presentes, y cada vez que se va a ir a su cuarto siente el abandono absoluto, siente la inseguridad. Hay que crearle la seguridad pero en su cama, en su área, en su cuarto.

Hablemos de infidelidad. ¿Es el sexo la razón por la que eres infiel?

No necesariamente. Creo que hay otras áreas de la relación de pareja que se van deteriorando. Es probable que a veces éstas se detecten, pero por el dolor que estamos viviendo las ocultamos por el temor o el miedo; sin embargo, hay señales en el camino que indican que la relación se está deteriorando. Mantener una relación de pareja por una eternidad, como lo prometemos cuando nos casamos, es muy arriesgado. Llevo veintiséis años de casada con el mismo hombre y estoy contenta, pero hay momentos en que piensas: "¿Cómo me comprometí a algo de por vida si no puedo saber los cambios que van a existir?". Si vamos caminando juntos, es más fácil. Pero no creo que la parte de la sexualidad sea el único factor que impulse hacia la infidelidad.

Hay quienes piensan que la culpa de la infidelidad es de la pareja. "Si tu pareja te engaña, pregúntate qué le falta en tu casa."

Tu infidelidad no tiene que ver con tu pareja. Es un vacío personal. Yo creo que a todos nos mueven el tapete en algún momento de nuestras vidas, y lo interesante o lo inteligente para mi gusto sería, en ese momento, detenerte y preguntarte qué pasa. Y luego contárselo a tu pareja para elaborarlo juntos. Porque si alguien me guiña el ojo y me dejo ir por ahí, pues ya no hay mucho que hacer.

¿Tú crees que alguien tiene el valor de decir eso a su cónyuge?

Por ahí tendríamos que empezar, antes de que cometamos el error. Creo que incluso hay personas que lo intentan decir, pero su pareja no escucha o no quiere escuchar. Yo diría que es aconsejable ir a una terapia de pareja, pues evidentemente algo va mal en la relación.

Lejos de quererte lastimar, al hablar contigo del asunto tu pareja te está siendo leal, no hay traición...

Por supuesto. Lo que duele es la traición.

¿Crees que lo debemos ver de otra manera? Compartir el hecho de que alguien te gustó y decirle a tu pareja: "Es mi problema (o sea, me responsabilizo del problema), me está pasando esto. Ayúdame".

Por supuesto. Me responsabilizo de que la bronca es mía y te aviso que las cosas están así. Aunque sea es una advertencia de que hay que "ponerse las pilas", porque muchas parejas dejan de hacerlo en algún punto del camino. Empezamos a concentrarnos en el trabajo, en los hijos, en nuestros proyectos personales, en nuestra espiritualidad, y de repente resulta que no crecimos juntos como pareja. Vamos en la misma línea, pero no hay puntos de encuentro.

Entonces hay que ver dónde están nuestros puntos de encuentro, nuestro proyecto de vida en común. ¿Qué cambió? ¿Por qué me estoy yendo a otro lado? Hay que resolverlo antes de que de verdad nos separemos.

¿Cuáles otros temas hay que tocar? ¿De qué se habla con frecuencia en tus consultas?

Por ejemplo, la diabetes, una de las enfermedades frecuentes en México, repercute muchísimo en la vida sexual de las parejas. Mi recomendación es que se informen juntos de estas consecuencias. Lo mismo en el caso de la menopausia. A cualquier cita ginecológica es importante que vayan los dos, para que ambos entiendan qué está pasando. Me decía una ginecóloga que una vez que le enseñó al marido cómo estaba reseca la vagina de su mujer, él admitió por fin que no había entendido antes el problema. Está bien ser cómplices en la vida, pero hay que ser compañeros también en los procesos biológicos y las enfermedades.

¿Qué tanto sigue siendo tabú el sexo para las mujeres en México?

Creo que hay parejas a las que el asunto del sexo les cuesta trabajo, y esto definitivamente ahí tiene que ver el machismo. Recuerda que Marina Castañeda dice que las primeras machistas somos nosotras, que les permitimos a nuestros hombres tener actitudes machistas disfrazadas, y que a la mera hora, cuando hablamos por nuestra sexualidad, esto hace que ellos reaccionen con sorpresa o incomodidad. Las mujeres están despertando y pidiendo voz y voto, y no necesariamente ellos están dispuestos a dialogar. "El que sabe aquí soy yo", piensan. Creo que el hecho de que en los medios se maneje el tema de la sexualidad es una ayuda. Pero también es cierto que hay mucha información en los medios electrónicos sobre el tema que no es correcta, y pornografía con escenas donde a la mujer la tienen como objeto sexual, donde hay mucha violencia y se la trata de manera indigna.

O peor, que les digan a los niños y adolescentes: "Si todo mundo lo hace, ¿por qué tú no?".

Exacto. Así es. Por eso aconsejo a todos que tengan mucho cuidado de dónde obtienen su información, que se aseguren de que sea verídica y que se escuchen a sí mismos. ¿Sabes cuál es la clave? Hacerte caso. Sí, a ti; aunque te lo digan veinte amigas, si no te gusta, no es para ti, aunque venga el sexólogo más notable del mundo y te quiera decir lo que tienes que hacer. No; no tienes que hacer nada si no te sientes a gusto. Por eso tenemos este instinto que nos dice: alerta. Por desgracia, nos han educado a acallar este instinto. Y al rato, cuando queremos reconocer nuestros sentimientos y emociones, ¿cómo hacemos contacto con nosotros mismos si llevamos toda una vida con la enseñanza de no entrar en contacto? Esto es peor para los varones: si sienten angustia, tristeza y lloran, les dicen: "Los hombres no lloran". Hay que enseñar a nuestros hijos, a nuestras parejas, a verbalizar lo que realmente les está pasando. Ése es el punto de partida. Porque si todo es angustia o todo es enojo, ¿por dónde empiezo? Hay que enseñar a nuestros hijos a verbalizar sus sentimientos y a entender que esos sentimientos son válidos. ¿Estás enojado? Pues siente tu enojo, percíbelo, vívelo. Creo que por ahí podríamos empezar a permitir que los sentimientos afloren como algo mucho más claro.

9 Familias

Suegros

"**D**ichoso Adán que no tuvo suegra", reza un refrán popular. Aunque si a estereotipos nos vamos, deberíamos agregar: "Y dichosa Eva también", ya que este parentesco político resulta difícil para hombres y mujeres por igual. No podemos negar que existe el estereotipo bien arraigado de la suegra imprudente, que critica todo lo que hace su "adorada nuera". Lo hemos visto en películas, y hasta en telenovelas. Estas suegras insoportables, desde luego, jamás considerarán que su retoño hizo una buena elección. La nuera jamás está a la altura, de ahí la frase: "El significado de la palabra *nuera* es *no era*: no era lo que yo esperaba para mi hijo". Los hombres no han podido escapar a este estigma. El tema es mundial, y así como hay suegras que no soportan a sus nueras o yernos, también hay suegros que consideran que los maridos de sus hijas jamás estarán a la altura de sus princesas. Tenemos el estereotipo bien instalado en el imaginario colectivo.

Si bien es cierto que hay yernos y nueras que se llevan divinamente bien con sus suegros, también es cierto que en las relaciones con la familia política es necesario poner una dosis doble de prudencia y respeto. No podemos negar que es mejor tratarlos con pinzas. Y no solamente a los padres de tu pareja, sino a todos sus familiares. Es una de estas situaciones en que lo conveniente es andar de puntitas y con mucho cuidado para evitarnos pleitos y problemas.

Definitivamente sabemos que la familia es parte importante de nuestra pareja y entre mejor nos llevemos con nuestros "familiares políticos" menos problemas tendremos en nuestra relación. Ésta es una de las situaciones en que conviene usar la cabeza. Muchos dicen que "te casas con la familia". No lo sé, pero es cierto que cada uno entra en una relación con la programación que obtiene de su familia. Inconscientemente tenemos las creencias y costumbres que nuestros padres y familiares nos inculcaron y es muy difícil, o casi imposible, eliminarlas por completo. Lo que sí es posible, es entender que no tenemos que seguir los mismos patrones y que podemos modificarlos. También es cierto que por diferente que pueda parecer nuestra familia política en principio, con buena voluntad y "ganas de ganártelos" se puede lograr una buena relación.

Yolanda y Juan Manuel se conocieron cuando ambos trabajaban en el extranjero. Después de dos años de casados, Yolanda se embarazó y tras el nacimiento de su pequeña hija ella regresó a trabajar. Margarita, su suegra, una mujer muy tradicional, lejos de criticarla, la apoyó. Se ofrecía a cuidar a la nieta y, frente a amigos y familiares, siempre ponía a su nuera como ejemplo de mujer profesionista, excelente esposa y madre. Después de su segundo embarazo, Yolanda volvió al trabajo de nuevo, pero cuando tuvo a su tercer hijo decidió que dejaría de trabajar. Nuevamente su suegra la puso de ejemplo. De sobra está decir que Yolanda y su suegra tienen una relación fantástica. Como Juan Manuel es hijo único y Margarita es viuda, pasa con ellos muchas vacaciones y fines de semana.

Desafortunadamente no todos los suegros son como Margarita. Si alguien quiere un ejemplo de suegros entrometidos, les recomiendo la película de Woody Allen *Medianoche en París*, en que los padres de Inez descalifican y critican (al igual que su insoportable hija) al escritor Gil Pender. (Otras películas sugeridas aparecen al final de este capítulo.)

Aunque parezca una situación de otra época, es común que algunos padres no se sientan del todo complacidos por las decisiones de sus hijos al elegir pareja y no dejen pasar la oportunidad para dejárselo saber a su retoño o a su princesa. En su afán de buscar lo mejor para su hijo o hija, no se dan cuenta de que estas constantes descalificaciones de la persona amada los ponen entre la espada y la pared.

Lo mismo sucede al revés. Si nos pasamos criticando a nuestra familia política (aunque tengamos toda la razón del mundo), ponemos a nuestra pareja en una situación difícil. Al final del día, es su papá, mamá o hermana a quien estamos criticando. Y, como ya dije, con las familias sucede lo mismo que con los países. *Nosotros* podemos hablar mal de nuestros familiares, pero que no se le ocurra decirlo a alguien de fuera porque sus palabras serán mal recibidas.

Mis papás no te soportan

Seamos sinceros: si nuestros padres solamente escuchan quejas de nuestro amorcito, ¿cómo lo van a soportar, ya no digamos querer? Del mismo modo que si queremos que nuestros padres estén al margen de un problema, lo mejor es no platicarles nada al respecto o decirles lo mínimo posible. Si les contamos a nuestros padres todos los problemas que tenemos con nuestra pareja, seguramente nos aconsejarán que terminemos esa relación; y no esperemos que reciban con los brazos abiertos a quien nos hace sufrir. Como diría mi amiga Carmen María: una cosa es un conflicto en la relación, y otra muy diferente una relación conflictiva. Como suele suceder en todas las relaciones, cuando tenemos un problema con alguien y lo ventilamos a los cuatro vientos, una vez que hemos resuelto el conflicto y olvidamos la injuria, no podemos pretender que todos aquellos a los que se lo platicamos lo olviden también y actúen como si nada.

Hay quienes aconsejan que cuando tenemos un pleito con nuestra pareja, es mejor contárselo a nuestra suegra (o a alguien de su familia), ya que independientemente de lo que hayamos dicho, para ella siempre será su hijo y puede perdonar con mayor facilidad el agravio que nuestros padres; es importante aprender que si les decimos algo negativo de nuestra pareja difícilmente podrán tener una buena relación con ella.

¿Y cómo le hago para olvidar lo que me dijiste?*

En una ocasión llegó una amiga mía a quejarse conmigo de su galán. En esencia, la misma historia que había escuchado antes de familiares,

* Una primera versión de esta sección apareció publicada en *Milenio Diario* el 8 de noviembre de 2009.

amigos y colegas; sólo que había un tirano diferente y otra protagonista. Por lo general, te llaman a deshoras y entre sollozos, y te cuentan una historia que preferirías no haber conocido nunca.

En este caso, Claudia había cortado con su galán después de cuatro años de relación. Había sucedido en otras ocasiones, pero esta vez, no había vuelta atrás. La escuché por un buen rato sin decir nada, sabiendo que dar un consejo en esos momentos era difícil. Optas por la vía conciliadora: "Piénsalo, siempre dijiste que era un encanto con tus hijos, los llevaba al futbol y todo". Error: generalmente en estos casos cada consideración es rebatida con una cantidad sorprendente de información nunca antes revelada, y que preferiríamos no saber. "Sí, ya sé que eso les dije, pero les mentí. No fue cierto que los llevara al futbol; lo dije porque quería que ustedes tuvieran una buena imagen de él. La verdad es que no los toleraba y opina que el mayor es insoportable". Eso no lo sabía. Así que me quedé callada. Ante mi silencio, y para reafirmar su historia, empezó a contarme un rosario de horrores: le pidió dinero prestado y en vez de pagárselo se fue a Las Vegas; la maltrataba verbalmente, y estaba segura de que la había engañado varias veces. Al final, acabé diciendo lo que ella quería oír: "Hiciste lo correcto, no lo vuelvas a ver jamás".

Por supuesto que no fui la única que tuvo el privilegio de escucharla. Durante dos semanas, todos sus amigos y familiares escuchamos la misma historia. Coincidíamos en que había hecho muy bien en terminar la relación. Y, por supuesto, nos volvimos miembros del club de "el tipo es un patán" organizado por Claudia.

A las dos o tres semanas, Claudia nos salió con el cuento de que él, cual canción de Lupita D'Alessio, le juró cambiar, así que ella decidió darle una segunda (en este caso sería enésima) oportunidad. A pesar de que, en parte, nos dio gusto a todos (eso significaría que se acababan las llamadas de madrugada), no pudimos evitar decir: "¿Cómo? ¿No habías jurado que no lo querías ver en tu vida? ¿Y tus hijos? ¿Y los engaños? ¿Y las deudas que no te pagaba?". La respuesta fue que todo eso carecía de importancia y era parte del pasado. No quería hablar del tema.

Puedo entender las ganas de Claudia y su galán de dar vuelta a la página y comenzar de nuevo la relación sin reclamos del pasado que interfieran en el presente. Pero después de semanas de escuchar que el sujeto en cuestión era un tirano y enterarnos de todas sus fechorías, ¿cómo borramos nosotros la información? ¿Cómo le hacemos para que nos caiga bien otra vez?

A nadie le gusta saber que han maltratado a un amigo, pariente o colega, por lo que aplicar el borrón y cuenta nueva es mucho más difícil para nosotros. Como dice un amigo, ellos tienen en su defensa al "abogado cobijas", nosotros no. Con todo y que minimicemos los hechos tomando en cuenta las exageraciones que produce el despecho, es muy probable que el maltratador no vuelva a ser santo de nuestra devoción jamás o que, al menos, no lo queramos ver en una buena temporada. Mientras ellos viven felizmente su reconciliación, nosotros nos quedamos con un enojo que no sabemos manejar y una información que hubiéramos preferido no conocer.

Creo que de este tipo de historias se derivan dos importantes enseñanzas: hay que fijarse qué contamos y a quién en momentos de pleitos. Sabemos que las relaciones tienen su puntuación, pero muchas veces lo que pensamos que era punto final acaba siendo punto y seguido. Después de haber despotricado contra el individuo, es difícil pedir a tus amigos y familiares que olviden todo y actúen como si no hubiera pasado nada. Después de que hablamos de más, no debería extrañarnos que se alejen una temporada. Por otra parte, hay quienes dicen que existen no dos, sino tres versiones de lo que sucede en un pleito: la versión de uno, del otro y lo que en realidad pasó. Así que cuando escuchamos una de estas historias, hay que entender que son parciales.

Reuniones familiares

Hay familias muy apegadas, en donde todos los miembros participan de las actividades de los demás. No puede haber bautizo, primera comunión, cumpleaños, fin de semana o vacaciones sin que todos estén presentes. Además, se la pasan muy bien juntos. Lo que ellos consideran un evento meramente familiar, es a ojos de los demás una fiesta de tamaño respetable. Por otra parte, hay familias bien avenidas que se ven poco. Festejan juntos los grandes acontecimientos, están en contacto telefónico semanal o quincenal y nada más.

Integrarse a una familia política es difícil. Es casi imposible que todas sus costumbres sean iguales a las nuestras, con las cuales crecimos y, por lo tanto, pensamos que son las correctas. La manera de festejar, de gastar, todo. Cada familia tiene sus creencias sobre cómo deben ser las cosas. Es imposible que dos familias sean iguales. Hacer los mejores esfuerzos por aceptar y aprender las costumbres de la familia política es una buena opción. Si no podemos, el silencio es siempre un buen aliado. El criticar las costumbres de los parientes políticos, además de ser una pésima idea, denota falta de madurez y sensibilidad.

Dolores criticaba de manera considerable a la familia de Ramón. No le gustaba la decoración de su casa, tampoco la comida que servían; se quejaba prácticamente de todo. No se daba cuenta de que estas críticas le dolían a Ramón, quien con el tiempo, se cansó de que ella hiciera "menos" a su familia y, evidentemente, optó por hacer comentarios negativos de la familia de Dolores. Por supuesto, se divorciaron. Si bien la causa principal no fue ésa, desde luego que las críticas originaron varios pleitos y contribuyeron a separar a la pareja. Sabemos que por insignificante que sea un problema, si se repite, acaba siendo la fuente de innumerables grandes peleas. Después de muchos conflictos con nuestra pareja a causa de las críticas a nuestra familia, el hartazgo se multiplica exponencialmente, ya que al final del día es nuestra familia, y a pesar de sus errores, no podemos sacudírnosla como si nada.

Sobre cómo pasamos los fines de semana y las celebraciones, es importante llegar a acuerdos. Habrá a quienes les funcione intercalar los años y los fines de semana y habrá quienes prefieran espaciar las visitas. No hay nada escrito. Cada uno tiene que adaptarse a las circunstancias y llegar a acuerdos que le funcionen a la pareja.

Para quienes tienen relaciones complicadas con la familia política, es fundamental entender que ir a su casa no deberá ser visto como un sacrificio. Si decides asistir, es porque te parece valioso que tu pareja esté con su familia y que tus hijos (si los hay) vean a sus abuelos. Es importante ir con gusto y con una actitud positiva. De otra manera, es casi seguro que la visita será un desastre. Si no es posible, es mejor negociar un nuevo acuerdo con la pareja y que funcione para ambos. Si la relación es demasiado difícil, tal vez sea mejor dejar que el cónyuge vaya solo, o únicamente presentarse en ocasiones especiales.

Poner límites a la familia

Existen padres que creen tener todo el derecho a opinar sobre la vida de sus hijos. La decoración de la casa, las vacaciones y, desde luego, la educación de los nietos, no serán excepción. Les cuesta trabajo entender que su hijo o hija es un ser independiente y que ya formó una nueva vida en la cual sus opiniones e ideas no siempre son bienvenidas.

Como hijos, es más fácil soportar las intromisiones bien intencionadas de nuestros padres, pero nuestras parejas no necesariamente tienen la misma buena voluntad, en especial si esas intromisiones son frecuentes o imprudentes.

Los padres son para educar y los abuelos para maleducar, dice un conocido refrán. Las ocurrencias de nuestros padres para "maleducar" o consentir a sus nietos nos resultan más fáciles de sobrellevar que si son obra de nuestros suegros. Es importante hacer ver a nuestros padres que, como pareja, llegamos a ciertos acuerdos sobre la educación de los hijos y que es importante que los respeten.

Martín (ateo) y Elena (católica no practicante) acordaron que sus hijos tendrían una educación laica y bilingüe. Cuando pasaban el fin de semana o algún tiempo con los padres de Elena, católicos practicantes, ellos trataban de enseñarles la fe católica. A Elena no le importaba mucho, pero Martín puso el grito en cielo. Le parecía una intromisión imperdonable y una falta de respeto por parte de los padres de Elena. Tuvieron varias discusiones al respecto. Elena finalmente entendió el punto de Martín y habló de manera amable y firme con sus padres. Les pidió que respetaran los acuerdos y decisiones que ella y Martín habían tomado respecto a sus hijos; les dijo que además de confundirlos, no era la manera en que quería que fueran educados y les explicó sus razones. Sus padres aceptaron a regañadientes. Elena fue más cuidadosa en la supervisión del tema con sus padres y de cuando en cuando les "recordaba" que prefería que cuando estuvieran con sus hijos, no hablaran de temas religiosos; de lo contrario, tendría que espaciar o limitar las visitas.

La madre de José Luis adora cuidar a sus nietos durante el fin de semana. Eso sí, "a la antigüita". Nada de usar el monitor o la silla del auto. No importa que Geraldine, su nuera, y José Luis insistan en ello. Ella responde que así crio a seis hijos y que jamás tuvo ningún problema. Tampoco hace mucho caso de la dieta baja en azúcar refinada y golosinas que Geraldine trata de que sigan sus hijos. Todos entendemos que nuestros padres o suegros van a consentir a sus nietos; sin embargo, hay que respetar las reglas básicas. Geraldine dejó de "prestarle" sus hijos a su suegra porque sentía que no estaban bien cuidados.

Todas las comparaciones son odiosas. Lo sabemos de sobra. Sin embargo, cuando éstas se hacen entre dos de nuestros hijos son doblemente odiosas, ya sea que provengan de nuestros padres, suegros, cuñados o un desconocido. Es indiscutible que hay personas con las que tenemos más afinidad. Lo mismo sucede con los familiares. En muchas familias el primer nieto es "el consentido" únicamente por ser el mayor. En otras, es una cuestión de género: la única nieta entre muchos varones. Alguna vez, es al que perciben como el más débil. Si bien es cierto que es difícil no sentir estas afinidades, es importante que no se hagan diferencias entre los nietos, ya que además de lastimarlos (y puede ser de por vida) fomenta la rivalidad entre hermanos.

Andrés era el primer nieto para ambas familias. Al año siguiente, nació Norberto. Desde la cuna empezaron las diferencias de los abuelos paternos hacia ellos. Norberto no recibió tantos regalos ni visitas por parte de sus abuelos, a pesar de que fue bautizado con el nombre de su abuelo. Los niños crecieron y aumentaron las diferencias. Concepción empezó a tratar el tema sutilmente, sin mucha respuesta. Hasta que un día decidió tomar el toro por los cuernos y habló con sus suegros y con voz firme les dijo: "Tienen prohibido regalarle algo a Andrés, si no hay algo similar para Norberto; no se dan cuenta, pero le están haciendo mucho daño. Esto incluye invitaciones al cine, al zoológico o lo que sea". Los suegros entendieron, o por lo menos, dejaron de hacer las diferencias notorias.

Mi madre cuenta una historia similar. Su hermana mayor era la consentida de todos los tíos y abuelos. El día que mi madre cumplió seis años su tía llegó con la muñeca que siempre había soñado, pero era para su hermana mayor. Han pasado muchos años y mi madre recuerda perfectamente ese día y la tristeza que sintió, a pesar de que después del drama, mi abuela le regaló una muñeca igual.

Como padres creemos que tenemos el derecho de aconsejar a nuestros hijos. Pero tenemos que entender que de la misma manera en que nosotros tomamos nuestras propias decisiones, muchas veces éstas no coincidieron con las ideas paternas. Como padres, es una lección difícil pero indispensable. Como hijos, también tenemos que aprender a poner límites para que los bien intencionados consejos no se conviertan en intromisiones graves.

Roxana es una mujer muy católica. No puede entender que sus nietos no sean educados en la misma fe que ella. Le parece que tiene la divina misión de salvar a sus nietos de la perdición. A escondidas de sus padres, empezó a llevarlos a clases de catecismo. Cuando Raquel, su nuera, se enteró, se indignó, habló con su marido y dejó de llevarlos los martes en la tarde a casa de su abuela. La relación entre Roxana y sus nietos, que fuera muy cercana, pasó a limitarse a unas cuantas visitas pocas veces al año y siempre con Raquel presente. El que Roxana no pudiera respetar la decisión de educación laica de sus nietos es un ejemplo en donde todos los involucrados pierden. Hay veces que las intromisiones y problemas llegan a tal grado que la relación familiar no sólo se vuelve más tensa, sino que termina.

Visitas inesperadas, llamadas a deshoras

Hay quienes son prudentes para las llamadas telefónicas y jamás se presentarían en una casa sin anunciarse; hay quienes no lo son. Recibir llamadas a deshoras o visitas inesperadas es molesto. Pero hay quienes piensan que llamar después de las diez de la noche es una muy buena hora y a otros les molesta el teléfono después de las ocho. Por supuesto que los padres piensan que tienen el derecho de llamar a sus hijos para saber cómo están y que la llamada será bien recibida. Si ninguno de los dos tiene problema con los horarios de la llamada, no habrá ningún problema. Si para alguno la hora de llamar de los padres es inconveniente, es mejor comentarlo con su pareja desde la primera vez, a fin de que puedan modificar sus horarios de llamadas.

Llegar sin anunciarse no es buena idea. El quedarse demasiado tiempo de visita en casa de hijos o hijas y sus respectivas parejas tampoco lo es. Una visita prolongada ya sea de una amistad o de un familiar es difícil y se presta a que con el tiempo haya más roces y pequeños problemas, que de no cuidarse, pueden ir escalando al punto de grandes pleitos y diferencias irreconciliables.

Las visitas inesperadas no suelen ser bienvenidas. Si la visita en cuestión es de un familiar y es un caso aislado, seguramente no habrá ningún problema, pero si se repite este tipo de visitas con relativa frecuencia seguramente lo habrá. Tanto las llamadas como las visitas son un tema de comunicación y, en su caso, se requiere poner límites a nuestros familiares, independientemente de quien sea.

Ignacio, pensando que su esposa Marisol estaría de acuerdo, decidió que lo mejor sería que su padre recibiera el tratamiento para su enfermedad en la ciudad en donde vivía e invitó a sus progenitores a pasar una temporada en su casa. Tanto Marisol como Ignacio y los padres de él son personas educadas y amables. Sin embargo, pequeños roces o malas interpretaciones empezaron a surgir después de un tiempo. Julia, la madre de Ignacio, sentía que a su nuera le incomodaba el gasto que representaban ella y su marido. Por fortuna, pudieron externar sus ideas y aclarar los malentendidos y, al finalizar el tratamiento, regresaron a su casa en provincia y todos tan contentos.

Dice un refrán que donde hay confianza hay asco. Quizá en estos casos la regla de oro sería usar el doble de prudencia y educación con la que trataríamos a cualquier otra persona.

Sara tuvo una excelente relación con su hermano mayor, Joaquín; por ello, le pareció que cuando él se casó y se fue a vivir a Estados Unidos sus frecuentes visitas serían bien recibidas. Mónica, la esposa de Joaquín, y Sara se conocían desde niñas, así que no veía razón alguna para que se molestaran. So pretexto de que quería buscar un trabajo en la ciudad donde vivía Joaquín y que además no le "costaba nada" estar allá, Sara viajaba frecuentemente a visitar a los recién casados. En un principio sus visitas fueron bien recibidas, pero obviamente Mónica y Joaquín, a pesar de quererla mucho, necesitaban su privacidad; y las largas visitas de Sara no ayudaban. A la tercera visita, empezaron los roces con Mónica. Ella habló con su marido, pero éste trató de evadir el problema y le dijo que tenía mucho trabajo y que no estaba mal que Sara la acompañara. Mónica se sintió poco apoyada por su marido y su resentimiento hacia Sara se redobló. Finalmente, decidió tomar el toro por los cuernos y habló con ella. Le explicó cómo se sentía. A Sara no le gustó el tono de su cuñada y se regresó a México; entonces empezó un conflicto con toda la familia política de Mónica a la que tacharon de "difícil" y "caprichosa". Mónica tuvo que hacer muchos esfuerzos para poder normalizar las relaciones con su familia política.

Apoyos económicos

Como hemos hablado, el dinero es el principal punto de conflicto entre las parejas. Es por eso que el apoyo económico a familiares es un tema que por lo general causa escozor entre las parejas, ya que además de lo económico en sí, implica a los parientes políticos y esto puede redoblar el problema.

Cuando Cristina conoció a Luis, sabía que apoyaba económicamente a su madre viuda. Era hijo único y, por lógica, la carga recaía en él en su totalidad. Cristina sabía que mucho o poco, parte de los ingresos que ganara su marido serían para apoyar a su madre. Por suerte, los padres de Cristina tenían buenos ingresos y ella sabía que, en caso de necesitarlo, podrían ayudarlos con los ingresos que Luis y ella recibían. En veinte años de casados, Cristina y Luis jamás han tenido un problema por ese asunto; a pesar de haber tenido varios otros conflictos por diversas causas, el apoyo económico a la mamá de Luis jamás fue motivo de discusión entre ellos. Cristina considera que la causa ha sido que fue un tema muy hablado y entendido desde que eran novios. De hecho, a Cristina le gustó que fuese tan buen hijo y responsable. "Ya sabes lo que dicen, Fer, un buen hijo, es un buen marido y un buen padre. Siempre me sentí segura por ver que Luis se ha preocupado por el bienestar de su madre; si uno es responsable en algo, seguramente será responsable en todo. Hasta ahora, ha sido así."

Además de ello, creo que el motivo por el que no han tenido problemas es que ambos son profesionistas, trabajan mucho, ganan buenos sueldos y, además, la mamá de Luis es una persona prudente que siempre está dispuesta a apoyar a Luis, a Cristina y a los nietos.

Por desgracia, no todas las parejas corren con la misma suerte y el asunto de apoyar económicamente a los parientes es un motivo de pleito frecuente. Hay quienes piensan que el apoyo económico que reciben los familiares de su pareja es en detrimento de lo que su propia familia debería recibir. Con este tipo de enfoque, es lógico que si no hay posibilidad de tener un coche mejor o unas vacaciones, encontremos que "el culpable" es el dinero que se le da al familiar; de no hacerlo, podríamos tener aquello que necesitamos.

Tomás empezó a apoyar a su hermana cuando ella se divorció y quedó en condiciones económicas difíciles. Margarita, su esposa, estuvo de acuerdo en un principio. Médico reconocido, Tomás puede ayudar a su hermana sin que su esposa e hijos padezcan estrecheces. Sin embargo, a Margarita le parecía que la ayuda económica de Tomás a su hermana era en detrimento del patrimonio de sus hijos. Tomás se encontraba en una situación difícil de resolver: quería apoyar a su hermana y a sus sobrinos, pero no quería problemas con su mujer, con la cual ya tenía una relación complicada. Optó por dar el apoyo a su hermana a escondidas, para evitarse problemas con su pareja, aunque sigue pensando que es una mentira innecesaria.

Hay quienes piensan que al casarte deberías romper los lazos con tu familia de origen, ya que estás formando la tuya propia. Es ese famoso: "Sigue a tu marido" que decían las bisabuelas. En efecto, formamos otra familia, pero seguimos conservando nuestros lazos. Además, ¿de verdad queremos dejar de apoyar a nuestros padres o hermanos que lo necesiten? ¿Qué tanto queremos que nuestra pareja deje de apoyar a sus familiares? ¿Por qué creemos que tenemos el derecho de pedir a nuestra pareja que no apoye a los suyos?

Éste es un asunto en el que la comunicación clara es indispensable. Es básico decir lo que sentimos sin pretextos ni excusas; y no se deberá utilizar el tema de los hijos y las supuestas carencias que sufrirán en caso que se decida apoyar a los familiares. No son decisiones que se pueden tomar de manera individual sin involucrar al otro. Debe ser un acuerdo razonado entre dos adultos. Si se considera que formamos equipo con la pareja, en situaciones de este tipo la familia del otro también lo será nuestra. En caso de que la ayuda sea a un familiar con deudas por irresponsabilidad, apuestas de juego, etcétera, lo más conveniente es hablar con un psicólogo o especialista para buscar la manera de ayudarle a enfrentar su problema.

Cada uno tiene que decidir hasta cuándo y dónde se ayuda a los familiares y, por supuesto, estas reglas deben ser recíprocas. No importa quién sea el principal proveedor; hay muchos casos en que el principal proveedor ayuda económicamente a su familia política porque para él es importante la tranquilidad de su esposa.

Cuando Eduardo conoció a Alejandra, ella acababa de perder a su papá, y trabajaba para ayudar con los gastos de la familia. Se casaron y Alejandra siguió apoyando a su mamá. Cuando dejó de trabajar para cuidar a sus hijos, Eduardo empezó a ayudar económicamente a su suegra pagando el seguro de gastos médicos, así como gastos de la casa. Para él era importante que Alejandra estuviera tranquila y, además, tenía una muy buena relación con su suegra, así que el apoyo que le daba le parecía algo natural y jamás tuvo problemas en proveerla.

¿Y cuando nuestros padres envejezcan?

A pesar de que seamos previsores, el pensar en un futuro con nuestros padres enfermos no es algo que nos guste o solamos hacer. Esta perspectiva es incómoda y desagradable. Sin embargo, es una ley de vida y un hecho que nuestros padres envejecerán y que no serán siempre quienes de un modo u otro han visto por nosotros; y en algunos casos, se revertirán los papeles y tendremos que ser nosotros quienes veamos por nuestros padres.

Sobre este tema, cada quien tiene un punto de vista diferente. Éste dependerá del número de hermanos que sean, la relación con los padres y las costumbres familiares. Habrá quienes opinen que lo idóneo es que si sus padres no pueden valerse por sí mismos, vayan a vivir con ellos. Otros opinarán que lo ideal es una residencia para ancianos. Son decisiones difíciles, porque además de tomar en cuenta a la pareja, hay que considerar a los demás integrantes de la familia y la situación económica y la ubicación geográfica de todos los involucrados.

Aun cuando se hable pensando en el futuro, es importante conocer qué piensa el otro sobre el tema. Si le parece que un asilo es buena idea o si, por el contrario, le horroriza la idea; si ha hablado del tema con sus padres y/o hermanos; si en caso de que sus padres o suegros lo necesitasen, estaría dispuesto a que vivieran en su casa.

Es probable que, en el mejor de los casos, no sea necesario llegar a este punto. Puede ser que nuestros progenitores decidan por sí mismos ir a una institución o bien, podría darse el caso de que ellos sean capaces de valerse por sí mismos y no necesiten nuestro apoyo económico y cuidados. Sin embargo, es importante conocer las posturas que tenemos sobre el tema.

Si alguien se ha criado en México, quizá la idea de que en la vejez sus padres estén en un asilo les parezca atroz; mientras que para alguien que nació en el extranjero, lo más natural sea que sus padres envejecidos vivan en un asilo e incluso que ése sea el mejor lugar donde puedan estar. No se trata de que algo sea mejor o peor, sino simplemente de aceptar el bagaje cultural del otro y respetarlo.

Algunas películas (y una telenovela)

- *Meet the Parents* (*La familia de mi novia*) (2000). Dir. Jay Roach, con Robert De Niro y Ben Stiller. Greg Focker tiene que lidiar con varios obstáculos pegados a su novia: además de un exnovio y un gato latoso, está su suegro, que desconfía de todo y quiere asegurarse a toda costa de que su princesa se case con el hombre correcto.
- *Monster-in-Law* (*Si te casas... te mato*) (2005). Dir. Robert Luketic, con Jennifer Lopez y Jane Fonda. Comedia en la que dos mujeres se enfrentan en una batalla a muerte, ya que Viola (Jane Fonda) no quiere perder a su hijo e intenta por todos los medios de desacreditar a la novia para cancelar la boda.
- *My Big Fat Greek Wedding* (*Casarse está en griego*) (2002). Dir. Joel Zwick, con Nia Vardalos y John Corbett. Gus Portokalos, padre de la protagonista, en un ataque de xenofobia se opone al matrimonio de su hija, ya que el novio no es de su misma nacionalidad y cultura.
- *Hush* (*Relación mortal*) (1998). Dir. Jonathan Darby, con Gwyneth Paltrow y Jessica Lange. Helen está embarazada. Martha, su suegra, es una mujer controladora y enferma que le quiere quitar al hijo y eliminarla.
- *Love Story* (*Historia de amor*) (1970). Dir. Arthur Hiller, con Ali MacGraw y Ryan O'Neal. El padre de Oliver se opone a su matrimonio con Jenny. Ellos se casan sin su anuencia y tratan de salir adelante sin su ayuda, pero Jenny enferma de gravedad. Oliver pide dinero a su padre para salvarla y éste se lo niega, de modo que Jenny muere.
- *Midnight in Paris* (*Medianoche en París*) (2011). Dir. Woody Allen, con Owen Wilson y Rachel McAdams. A pesar de no ser los protagonistas de la película, los suegros del escritor Gil Pender son un buen ejemplo de padres intransigentes que piensan que su yerno debe vivir como ellos digan.
- Por último, me resulta imposible no mencionar a doña Catalina Creel, la inolvidable villana de la telenovela *Cuna de lobos*, suegra ogro por excelencia.

10 Nuestro contrato prenupcial

Éste es un contrato prenupcial diferente. No es un acuerdo para dividir las cosas en caso de un divorcio; ni siquiera requiere que haya un matrimonio para su firma. Simplemente es un espacio para dejar por escrito los acuerdos de ambos en los diversos temas que tratamos en el libro. Sin duda habrá casos en que los interesados, por la razón que sea, deseen firmar un contrato prenupcial que sí hable acerca de cómo repartir el dinero y bienes en caso de divorcio. Para algunos es un síntoma de falta de compromiso y fatalidad, otros piensan que se trata de un arreglo y acuerdo como cualquier otro, necesario cuando la disparidad de ingresos implica consecuencias de largo plazo.

A diferencia de un contrato prenupcial tradicional, basado en lo financiero, la idea de éste es ayudar a la convivencia en el matrimonio. Muchas veces ni siquiera nosotros mismos recordamos lo que dijimos, así que no es mala idea tener por escrito los acuerdos que tomaron antes de vivir en pareja. Esto no quiere decir que tengan que quedarse así para siempre. La vida no es estática ni rígida, tampoco puede preverse segundo a segundo, así que los lineamientos que funcionaron por un tiempo, al cambiar las circunstancias pueden —y deben— modificarse de mutuo acuerdo.

Este contrato prenupcial sigue la idea general del libro, que es anticipar los problemas para evitarlos o al menos suavizarlos. Tener por escrito los acuerdos puede ayudar con el paso del tiempo a recordar lo que habíamos decidido en otro momento y partir de ahí para replantear los términos de nuestra relación.

ACUERDO PRENUPCIAL

Hijos

¿Queremos tener hijos?

                              Sí   No

¿Cuántos?

¿Cuándo?

¿Trabajamos los dos o alguien se queda en casa?

¿A qué clase de escuela los inscribiremos?

¿Qué religión y valores les inculcaremos?

Si no podemos tenerlos, ¿adoptamos o buscamos tratamientos? ¿Hasta cuánto y hasta cuándo?

¿Cómo hacemos con mis hijos y los tuyos?

¿Quién y cómo los educa?

¿Quién paga qué?

Roles y división de labores

Cuidado del hogar
            Limpieza de la casa
            Tender la cama
            Cocinar
            Lavar los platos
            Organizar los pagos de servicios

Cuidado de los hijos
            Cambiar pañales

Llevarlos al pediatra
Darles de comer

¿Tenemos mascotas?

Sí   No

¿Quién la cuida, la alimenta, la saca a pasear?

¿Quién cubre los gastos?

Dinero

¿Cómo se reparte?

¿Quién paga qué?

¿Cómo se invierte?

¿De quién son las herencias y bonos?

¿Cuánto ahorramos?

¿Cómo valoramos el trabajo en casa?

Tiempo

Tiempo con los hijos

Salidas juntos y separados

Tiempo a solas

¿Tele en el cuarto?

Sí   No

Sexo

Cuando tenemos un problema sobre sexo, ¿lo hablamos antes de dormir o al día siguiente?

Familias

Comidas familiares

>
> ¿Qué tan seguido?
> ¿Dónde?

¿Dónde celebramos…

>
> …Navidad?
> …Año Nuevo?
> …el día de la madre?
> …el día del padre?
> …nuestros cumpleaños?

Reglas sobre visitas y llamadas de teléfono

¿Qué hacemos con nuestros padres cuando envejezcan?

Apoyo económico a nuestros familiares

Otros acuerdos

FIRMAS: **FECHA:**

Epílogo

Como dije al principio del libro: "No están todos los que son, ni son todos los que están". Cada pareja tiene sus temas particulares de preocupación, además de los comunes. Sin embargo, creo que lo que aquí se trató es un buen inicio para hablar sobre asuntos que generalmente ocasionan conflictos entre las parejas.

De niños aprendemos a hablar, y posteriormente a leer y a escribir, pero esto no es garantía de que sepamos comunicarnos y escuchar asertivamente. Aunque no nos gusta aceptarlo, tenemos temas "tabú" que preferimos no mencionar y que detestamos escuchar. Pero a fin de lograr una sana comunicación tenemos que aprender a escuchar para ser escuchados, así como a hablar sin agredir y evitar las odiosas comparaciones.

Creo firmemente que casi todos los problemas se pueden solucionar si hay buena comunicación y voluntad de ambas partes. Lo anterior, claro, no sólo aplica para las relaciones de pareja sino para todas las relaciones de nuestra vida: laborales, fraternales, con amigos, etcétera. Desafortunadamente, muchas veces nos cuesta expresar un sentimiento, y también somos reactivos cuando se trata de escuchar algo que no nos gusta o molesta. No damos un espacio para la negociación, y así es imposible encontrar la solución a un problema.

En conclusión, la comunicación es la clave para lograr una pareja duradera con base sólida. No quedarnos sólo en el día de la boda, en la fiesta, en el enamoramiento inicial, sino lograr un paso más allá y hablar de los asuntos clave, es primordial para llegar tener una relación sana y duradera. Espero que leer este libro te haya ayudado a hablar sobre algún tema y sirva para ahorrarte algún pleito. De ser así, habrá cumplido su misión.

Esta obra se imprimió y encuadernó
en el mes de febrero de 2014,
en los talleres de Jaf Gràfiques S.L.,
que se localizan en la
calle Flassaders, 13-15, nave 9,
Polígono Industrial Santiga
08130 Santa Perpetua de la Mogoda (España)